Wilhelm von Wartenegg

Andreas Paumkircher

Trauerspiel in fünf Aufzügen

Wilhelm von Wartenegg

Andreas Paumkircher
Trauerspiel in fünf Aufzügen

ISBN/EAN: 9783743381773

Hergestellt in Europa, USA, Kanada, Australien, Japan

Cover: Foto ©Thomas Meinert / pixelio.de

Manufactured and distributed by brebook publishing software (www.brebook.com)

Wilhelm von Wartenegg

Andreas Paumkircher

Den Bühnen gegenüber Manuscript.

Andreas Paumkircher.

Trauerspiel in fünf Aufzügen

von

Wilhelm von Wartenegg.

Personen:

Friedrich III., Römisch=Deutscher Kaiser.
Rüdiger von Starhemberg, kaiserl. Feldhauptmann.
Johann von Neiperg   ⎫
Georg, Freiherr von Ungnad, ⎬ kaiserliche Räthe.
Andreas Paumkircher.
Der alte Greissenegg.
Dietrichstein.
Herberstein.
Andreas Greissenegg.
Hans von Pössing.
Stuchs von Trautmannsdorf.
Niklas von Lichtenstein.
Johann von Stubenberg.
Wolfgang Holzer, Bürgermeister von Wien.
Prank,   ⎫
Dobersberg,   ⎬ Herren von Graz.
Gerhard,   ⎭
Der Bannrichter.
Ein kaiserl. Herold.
Ein Wirth.
Michel,   ⎫ Bürger von Graz.
Sebastian,   ⎭
Margarethe von Greissenegg.
Mechtild, ihre Tochter.
Anna, Tochter des Wirthes.

Ritter. Räthe, Gefolge, Stadttruser, Priester, Schergen, Volk.

Ver und im Jahre 1471.

Vorbemerkung.

Die Befugniß zur Aufführung, zum Verlage und zur Uebersetzung dieses Dramas ertheilt ausschließlich der Verfasser. Adresse: Wien,

Erster Aufzug.

(Burggarten auf Greissenegg. Vor Tagesanbruch. **Paumkircher** schläft unterm Lindenbaum. — **Mechtild** tritt aus der Burg.)

Mechtild.
Das Kloster sagt der Bruder, wär schon gut,
Doch habe auch die Welt ihr Recht. — Die Welt!
Sie sagen wol das Leben in der Welt
Sei bunt und laut und vielbewegt; mag sein —
Mir fließt es still dahin in Burg und Garten,
Und bunt sind nur die Blumen, die hier blühn.
Kaum kann's im Kloster anders sein als hier.
Auch meint die Mutter, wer der Welt entsagt
Und sich dem Himmel weiht in Lieb' und Glauben,
Der wird dereinst — — Hilf Gott, was regt sich dort?
Ein Mann liegt unterm Lindenbaum — er schläft.

Paumkircher
(im Schlafe sprechend).
Das Thor ist zugefallen — auf! das Gitter —
(Wacht auf.)
Er regt sich — spricht. — Ich will doch lieber fort.

Paumkircher
(aufstehend).
Die Lerche singt und rosig lacht der Morgen.
Ei! Schönes Mädchen, warum fliehest Du?

Mechtild.
Ihr schliefet, Herr —

Paumkircher.
O bleib. Der schönste Gruß,
Mit dem mich je der Tag empfing, bist Du.
Sag an, wie heißest Du? Nein sag es nicht.
Ich kenne Dich, entsinn ich mich auch nicht,
Wo ich Dich sah. — Ihr seid Mechtild, das Fräulein
Von Greissenegg.

Mechtild.
Das bin ich Herr, und seltsam
Mich dünkt, auch ich hätt' Euch schon einst gesehen,
Und viele, viele Jahre wär' das her.
Ihr lacht?

Paumkircher.
So viele Jahre sind's wol kaum,
Wenn Ihr Euch darauf entsinnt.

Mechtild.
Wie wär das.
Ich sah vielleicht ein Bild nur, das Euch gleicht.

Paumkircher.
Es gibt nicht solche Schilderei von mir;
Doch Lieder singt man mir im Steierland,
Und Euer Bruder, der mein bester Freund,
Hat Euch wol viele mal von mir gesprochen.

Mechtild.
So wäret Ihr —?

Paumkircher.
Paumkircher nennt man mich.

Mechtild.
Hilf Gott!

1*

Paumkircher.
   Was ist?

Mechtild.
   Und also treff ich Euch!
Als uns ein Bote meines Bruders gestern
Die Kunde brachte, daß Ihr mit ihm kämet,
Gebot der Vater mir, Euch zum Empfang
Das Beste, was dies Haus vermag zu bieten.

Paumkircher.
Und Euer Gruß, ist er das beste nicht?

Mechtild.
Die Zimmer mit der schönsten Aussicht, hatt' ich
Für Euch bestimmt und unsre besten Diener,
Doch kamt Ihr an zu Nacht, ich wußt es nicht,
Und leider kann man sich auf das Gesinde
Gar nicht verlassen. Sicher zürnt der Vater
Hört er, daß Ihr die Nacht im Freien bliebet.

Paumkircher.
O holde Jungfrau, seid mir deß nicht gram.
So wie Ihr wolltet, hat man mich empfangen,
Und in ein weites Prunkgemach geführt;
Doch als die Diener mich verlassen hatten,
Die Kerze ausgelöscht und ich allein war
Da that ich auf das Fenster, sah hinaus
In's blaue Mondlicht, in den stillen Garten,
Und ward so wol, so heimisch angemuthet,
Als ob ein Mährchen aus der Kinderzeit
Mich wieder ganz erfüllt mit Lust und Leid.
So spät es war, ich tappte mich durch's Haus,
Es drängte mit Gewalt in's Freie mich hinaus.
Doch hier war ich vertraut mit jedem Baum,
Mir war, als hätt' ich alles nur vergessen.
Kann man verlieren, was man nie besessen?
Sah' ich's vielleicht schon einmal so im Traum?

Mechtild.
Ich sinn und sinne —

Paumkircher
   (rasch).
      Ist nicht auch ein Teich
Im Garten?

Mechtild.
   Wol, ein Teich.

Paumkircher.
      Und hohes Schilf
Wächst an dem Ufer rings umher.

Mechtild.
      Ja, ja.

Paumkircher.
Und eine Wasserfrau aus Stein gehauen
Von Moos ganz überdeckt —

Mechtild.
   Ja, ja, so ist es.

Paumkircher.
Ich war schon einmal hier.

Mechtild.
      Und damals eben
Hab ich Euch auch gesehn. Es steigen dämmernd
Erinnerungen auf aus alter Zeit.
Ich weiß, ich weiß —

Paumkircher.
   Auch ich entsinn mich jetzt,

Es war ja meine erste Fahrt. Der Vater
Nahm mich den jungen Knappen mit nach Neustadt
Zum Hof des Kaisers, dem ein Erbe damals
Der Kronprinz Maximilian ward geboren.
Als wir vorbei hier ritten hielt mein Vater
Die Zügel seines Rosses an und sprach:
Mir lebt ein edler Freund auf Greißenegg;
Wir dürfen ohne Gruß hier nicht vorüber.
Und also kam ich her.

Mechtild.
   Ihr habt seitdem
So viel erlebt; hier hat sich nichts geändert.

Paumkircher.
Ihr selbst habt Euch verändert.

Mechtild.
  So?

Paumkircher.
   Ihr waret
Damals ein Kind.

Mechtild.
  Ich war noch klein.

Paumkircher.
   Ganz klein.

Mechtild.
Ihr aber war't schon hoch und schlank wie jetzt.

Paumkircher.
Mechtild, o seht, wie sich das fügt, wir treffen
Uns heute so wie hier.

Mechtild.
  Wie damals.

Paumkircher.
Mechtild, wollt Ihr, daß dies das letzte mal sei?

Mechtild.
Gewiß nicht, nein.

Paumkircher.
  So hört —

Mechtild.
  Dort kommt der Bruder.
(Andreas Greiffenegg tritt aus der Burg.)

Andreas.
Mechtild!

Mechtild
(ihm entgegen).
Andreas! Sei willkommen!

Andreas
(zu Paumkircher).
  Und auch Du,
Andreas, sei gegrüßt.

Mechtild.
   Ihr heißet auch Andreas?

Paumkircher.
So wie Euer Bruder, Fräulein.

Mechtild
(zu Andreas).
Du warst viel Tage fern. Hast mein gedacht?

Andreas.
An jeden Tag. Und Du?

Mechtild.
  Und ich, Andreas!
Ich will dein stets gedenken — allezeit!

Andreas.
Was aber trieb Dich schon so früh heraus?
Willst Du noch früher aufstehn als die Sonne?

Mechtild.
Sie schläft nicht mehr so lang, sonst
thät ich's gerne,
Doch treibt mich Unruh oft empor vom
Lager.
Andreas.
Ist was geschehn? War Reimprecht
wieder hier?

Paumkircher.
Reimprecht von Wallse oder der von
Prank,
Mit beiden lebe ich in Streit.

Andreas.
Der Prank.
Er und die Dobersberge sitzen jetzt
Im Rath der Stadt.

Paumkircher.
Ich weiß, sie nennen sich
Die Herrn von Graz.

Andreas.
Mit all den Herrn von Graz
Steht nun mein Vater auf gespanntem
Fuße,
Und Reimprecht der uns stets zumeist
verhaßt,
Weil er (ob selbst adeligem Stamme)
Die Stände aufhetzt gegen uns —

Paumkircher.
Ich kenn ihn.

Andreas.
Reimprecht warb um die Hand der
Schwester.

Paumkircher.
So.

Andreas.
Doch sie, entschlossen, in ein Kloster
nur —

Mechtild.
Andreas!

Paumkircher
(für sich).
Prank, ich treff' Dich noch.

Andreas.
Was sagst Du?

Mechtild.
Ihr blickt ja ganz verstört, mein edler
Herr.
Das kommt nur, weil Ihr unter dieser
Linde
Geschlafen habt; es ist ein Zauberbaum,
Und Geister wiegen sich in seinen Zweigen
Des Nachts im Mondenschein. Was
man hier träumt,
Wenn just der Rittersporn in Blüthen
steht — —

Andreas
Ei laß das Kind.

Paumkircher.
Der üblen Vorbedeutung,
Erfuhren wir, so denk ich, schon genug.

Andreas.
Du denkst an's Murthor.

Paumkircher.
Ja.

Mechtild.
Was war dort? Sprecht.

Andreas.
Ei nichts.

Paumkircher.
Wir kamen gestern spät am Abend
Durch Graz. Des Thores dunkle Wöl-
bung hatte
Uns aufgenommen, Greiffenegg und mich,
Die wir dem Zug vorangeritten waren.
Die Fackel glüht, dumpf wiederhallt der
Huf
Und sprühet Funken auf des Pflasters
Steinen.
Da plötzlich stürzt mit rasselndem Getöse

Des Thores Gitter dicht vor uns her-
nieder,
Daß sich die Pferde bäumten.
Mechtild.
Güt'ger Himmel!
Andreas.
Und durch die Wölbung lief ein schaurig
Tönen,
Als wären's unsichtbare Warnestimmen.
„Ein böses Zeichen" riefen alle aus.
Mechtild.
Ihr müßt das so nicht nehmen, liebe
Herrn,
Das Thor ist alt, das Gitter ist ver-
rostet.
Wär't Ihr durch's neue Eisenthor ge-
ritten,
Es wäre nicht geschehn.
Andreas.
Willst Du uns trösten?
Mechtild.
Den bösen Eindruck möcht' ich gern ver-
wischen.
Ihr bleibt doch länger hier?
Paumkircher.
Ach leider nein.
Andreas.
Wir müssen heut noch fort.
Mechtild.
Wohin?
Paumkircher.
Nach Wien.
Mechtild.
Nach Wien? O da beneid ich Dich.
(Zu Paumkircher.)
Ihr, Herr,
War't wol schon dort?
Paumkircher.
Schon oft.

Mechtild.
O dann erzählt mir,
Ob es so schön ist, wie man sagt.
Paumkircher.
Gewiß,
Am Donaustrande liegt die Kaiserstadt
In einem Walde trotzig hingelagert,
Durch Thor und Wall und Graben
wohlverwahrt.
Von seinen Kirchen schauen stolze Thürme
Weit in das Land hinaus. Aus allen
Zeiten,
Seit man auf deutschem Boden Städte
baut,
Kann man dort Zeichen sehen, die uns
mahnen.
Die Babenberge saßen dort zu Thron,
Und Habsburg's edler Stamm hält dort
seit Hundert
Und hundert Jahren Hof, glorreich und
kühn.
Und eine Burg mit Zinnen und mit
Warten
Ragt hoch empor und —
Lichtenstein
(von innen).
Ei wir können schon,
Wenn wir nur wollen.
Herberstein
(von innen).
Aber unsern Willen
Erzwingt man nicht, das muß die Stadt
noch lernen.
Andreas.
Die Freunde nah'n.
Paumkircher.
Auch ward es längst schon Tag.

Es treten auf aus der Burg:

Der alte Greiffenegg und Margarethe, Niklas von Lichtenstein, Johann von Pössing, Johann von Stubenberg, Stuchs von Trautmannsdorf, Dietrichstein u. Herberstein.

Dietrichstein.

Ei sieh, dein Kind! Sei mir gegrüßt Mechtildis,
Wie ist das Mädchen schön und groß geworden.

Greiffenegg.

Ja, Dietrichstein, die Dirne wächst empor —

Herberstein.

Wie'n Rosenstock im Frühjahr, alter Freund.

Margarethe.

Mechtild, begrüß die Herrn, und denk dabei,
Wenn man sich eine Krone bilden wollte,
Die glänzendste der deutschen Ritterschaft,
Man könnte hier die Edelsteine finden,
Die ihr zur besten Zier gereichen würden.

Mechtild.

Und so nehmt meinen Gruß. Ihr eble Herren
Von Dietrichstein und Herberstein zuerst;
Ihr seid die ältesten und habet immer
Den Lorbeer grüner werden sehn und dichter
Der Eure würd'ge Häupter stets umschlang.

Greiffenegg.

Sieh hier den jüngsten, der ein Jüngling scheint,
Und der als Mann und Held sich schon gezeigt,
Den Ruhm bewährend seines eblen Namens.
Niklas von Lichtenstein ist er genannt.

Paumkircher

Und dies Mechtild, ist Stuchs von Trautmannsdorf
Aus Oestreich's blüthenreichstem Stamm entsprossen,
Von einem Treffen könnt ich Euch erzählen,
Wo Dreiundzwanzig Trautmannsdorfe fochten.

Andreas.

Und diese, Stubenberg und Pössing, kennst Du.

Mechtild.

Stets freu' ich mich, wenn ich sie wiedersehe,
Ihr alle, eble Herrn nehmt zum Willkommen
Die besten Wünsche, die ich bieten kann,
Und mögen sie so wahr sich Euch erfüllen,
Als ich sie wahr empfinde.

Trautmannsdorf.

Edle Jungfrau
Nehmt unsern Dank für dieses Wort.

Lichtenstein.

Es soll uns
Geleiten auf der Fahrt, und Schutz verleih'n'
In Noth und Fährniß.

Pössing.

Rüstet Euch, Ihr Herren,
Die Zeit rückt vor, wir müssen fort.

Margarethe.

Schon jetzt?

Stubenberg.

Geh einer hin und sehe nach den Pferden.

Margarethe.

Erlaubt, ich sende selbst.
(Wendet sich mit Mechtild zum gehen.)

Andreas.
Mechtild, Du wirst uns doch noch einen Abschiedstrunk kredenzen?

Mechtild.
Gewiß, ich seh Euch noch; für jetzt, lebt wohl.
(Ab mit Margarethe.)

Pössing.
Wenn wir nach Gösting reiten, können wir
Den Troß in einer Stunde schon erreichen.

Stubenberg.
Wir müssen lange Tagereisen machen
Sonst kommt uns Herzog Albrecht doch zuvor.

Dietrichstein.
Er wagt sich nicht so rasch nach Wien.

Herberstein.
Ein Bote
Kam mit der Nachricht, daß bei Laxenburg
Sein Lager sei.

Paumkircher.
Wie stark?

Herberstein.
Viertausend Mann.

Andreas.
Wir sind nicht so viel Hundert.

Trautmannsdorf.
Doch ist Wien
Zum größten Theile treu und kaiserlich.

Paumkircher.
Nicht immer.

Trautmannsdorf.
Aber jetzo, wo dem Kaiser
Gefahr von außen droht.

Lichtenstein.
Wir stehn zu ihm.
Was gibt es da noch zu bedenken?

Paumkircher.
Gleichviel!
Es wird gelingen.

Greiffenegg.
Täuscht Euch nicht.

Dietrichstein.
Was soll's?

Greiffenegg.
Gelingen mag's, daß Ihr die Stadt entsetzt,
Doch wird der frohe Willkomm lange währen?
Gar mancher unter Euch ist hart verklagt
Und jedes Wort der Stände Steiermarks
Wird einen Ring zur Kette für Euch bilden.

Paumkircher.
Die Klage gilt nur mir, und trifft sie jene,
So ist das, weil sie mir zur Seite stehn.
Das ist ein alter Streit: Wir und die Stände,
Wenn unsre Söldner ihren Grund verwüsten,
So tragen sie nur selbst die Schuld; sie haben
Die Löhnung nicht gezahlt, seit langer Zeit
Verweigern sie den Sold.

Dietrichstein.
Mir auch.

Herberstein.
Auch mir.

Pössing.
Ich hab' nach wiederholt vergebnen Klagen
St. Florian bedreut.

Stubenberg.
Ich klag' zu Wien.

Paumkircher.
Zu klagen hätt' ich viel und will es auch,
Doch da ich weiß, daß mir ihr Haß zumeist gilt,
Wie sich das oft erwies, so bitt' ich Euch
Laßt mich allein in dieser Sache reden,
Und übertragt mir Eure Forderung.
Ich bürge Euch dafür mit meinem Worte,
Mit meinen Städten, meinen festen Orten,
Mit meinen Schlössern, meinen Ländereien,
Mit meiner ganzen Habe bürg' ich Euch;
Doch diesen Herren, die mich verderben wollen,
Weil ich die Spitze ihnen oft geboten;
Die, ob wir gutes oder böses wirken,
Sich ewig ängstlich, klammernd an mich hängen,
Die, wenn wir ihnen auch die Städte schützen,
Uns feindlich doch umschleichen: diesen Herren
Will ich allein nur gegenübersteh'n.

Dietrichstein.
Das mag geschehen, wir überlassen Dir es.

Paumkircher.
Die Herren von Graz, die mich in Wien verleumden
(Ich weiß es wol) sie sollen sehn, daß ich
Ein Ende machen kann, wär's auch mit Schrecken,
Wenn irgend etwas mir zu lange währt.
Sie sollen sehn, daß ich —

Pössing.
Was ist?

Trautmannsdorf.
Wer kommt?

Andreas.
Ein Diener naht.

(Diener tritt auf.)

Greissenegg.
Was giebt's?

Diener.
Die Herren von Graz
Sind in den Hof geritten.

Paumkircher.
Ha! Seht Ihr!
Sie wittern etwas, diese schwarzen Vögel.

Greissenegg.
Führ' sie hierher.
(Diener ab.)

Herberstein.
Was mögen sie nur wollen?

Stubenberg.
Sie wissen, daß wir hier sind und nach Wien zieh'n.

Lichtenstein.
Was immer auch, ich denk, es gilt uns gleich.

(Die Stadträthe von Graz treten auf. Unter ihnen Prank und die beiden Dobersberge.)

Prank.
Sieh Greissenegg, wir treten bei Dir ein,
Weil uns die Kunde ward, daß hinter Gösting
Ein Troß von vielen hundert Knechten lagert,
Und deren Herren hier zu finden seien.

Andreas.
Wir zieh'n nach Wien.

Prank.
Noch heut. Wir wissen das.
Von Herzog Albrecht hart bedroht ist Wien,
Paumkircher kommt vom Hofe des Mathias
Und eilt mit Euch dem Kaiser zum Entsatz.
Sehr rühmenswerth erscheint uns dieser Zug,

Wir zweifeln nicht, daß Euch der Sieg begleitet,
Doch da wir noch um mancher Ursach willen
Im Streite sind mit vielen unter Euch,
So schrieben wir, um diesen auszugleichen
Im Lande eine neue Steuer aus.
Des Kaisers Münzenmeister Eggenberger
Kann sie erheben und verfügt darüber.

Paumkircher.
So habt Ihr Euch bedacht?

Andreas
(leise).
Trau ihnen nicht.

Dobersberg.
Doch kann man nur für Steiermark den Zins
Von uns verlangen. Gestern brachte uns
Ein Mann die Nachricht, daß das Städt=
chen Leibnitz
Sich zu den Ungarn halte —

Alle.
Zu den Ungarn!

Prank.
Paumkircher, Dir gehört es, und Du hast
Das meiste auch für Deine Leut und Holde
Von uns gefordert, darum frag' ich Dich —

Paumkircher.
Ei laß das Prank. Mein Sinn steht jetzt nach andrem.
Kehr ich zurück, so seh ich etwa nach.

Prank.
Es kann Dir früher schon von Nöthen sein.

Paumkircher.
Das was mir frommt find' ich gewöhn=
lich selbst,
Und soll ich Deinen Rath zu schätzen wissen,
Gieb ihn nicht ungefragt.

Prank.
Bedenk Paumkircher!

Paumkircher.
Ihr Herren vom Rath, bedenkt Euch lieber selbst;
Ich werde, was mich trifft zu Ende führen
Und die Entscheidung harret mein in Wien.
Der Kaiser, der mir stets ein güt'ger Herr war,
Neigt der Verleumdung nicht sein Ohr.

Prank.
Paumkircher,
Du bist so sicher?

Paumkircher.
Wohl, das war ich stets.

(Margarethe und Mechtild kommen aus der Burg, gefolgt von Dienern, die Humpen tragen).

Trautmannsdorf.
Das Fräulein naht.

Prank (für sich).
Mechtild!

Paumkircher
(Prank beobachtend).
Sein Blick verschlingt sie —
Er zuckt — verfärbt sich —

Mechtild.
Edle Herren, ich komme
Um noch zum Abschied Euch —
(Sie gewahrt Prank und zuckt zusammen. Ihr Auge sucht Paumkircher, dann fährt sie fort.)
Um Euch zum Abschied
Den letzten Trunk auf gute Fahrt zu bringen,
Um Euch vor'm Lebewohl nochmal zu sehen.

Prank
(ist ihrem Blick mit den Augen gefolgt).

Herberstein.
Brecht auf, Ihr Herren, brecht auf, wir weilten schon
Zu lange.

Prank.
Habt Ihr keinen Gruß für mich?

Mechtild.
Seid Ihr des Vaters Gast, so grüß ich Euch. (Tritt zurück).

Margarethe.
Hör' mich Andreas.

Andreas.
Mutter, was befehlt Ihr?

Margarethe.
Wol weiß ich, kühne Jugend sucht Gefahr,
Und reichlich kannst Du sie auf diesem Zuge finden,
Doch denke stets, daß ich in bangen Sorgen
Hier Deiner harre, und was immer auch
Dich treffen kann, es trifft zugleich auch mich,
Und schmerzlicher, gewiß, und thränenreicher,
Drum wahre Deines Heils.

Andreas.
Ich will's.
(Alles wendet sich zum Gehen.)

Paumkircher
(der leise mit Mechtild spricht).
Mechtild,
Nicht dem, nicht hier kredenze Deinen Becher.

Mechtild.
Gewiß nicht, kränkt es Euch.
(Laut).
Ich folge Euch
Bis in den Hof hinab mit meinem Humpen

Ihr trinkt ja erst den Fuß im Bügel haltend
Und — reitet drauf von dannen. Heil mit Euch!
(Alle ab durch den Hintergrund bis auf die Stadträthe, die den Andern erst zögernd folgen, dann aber rasch im Vordergrund zusammentreten.)

Prank
(rasch, mit unterdrückter Stimme, wie das folgende).
Habt Ihr das freche Wort gehört, Ihr Herren?
Saht Ihr das übermüthige Gebahren?
Sie bauen felsenfest auf ihre Macht,
Und trotzen uns mit Blick und That wie immer.

Gerhard.
So ist es.

Prank.
Sprichst Du ihm ein Wort zu laut,
So weist er lachend mit dem Panzerhandschuh
Nach Gösting hin, wo seine Knechte lagern,
Und wendet Dir den Rücken; denn er weiß,
Sein Anhang mehrt sich, wie er es nur will;
Er weiß auch, gilt es gegen eine Stadt,
So steigen alle Ritter von den Burgen,
Und Feinde reichen sich versöhnt die Hand.

Dobersberg.
So arg ist's nicht, doch ist es arg genug.

Prank.
Wol arg genug, kann man es länger dulden?

Gerhard.
Kann man es ändern?

Prank.
Ja man kann's und soll es.
Sie halten fest zusamm, wir wollen's auch,

Und wo Gewalt nicht hilft, da helfe List.
Die Rechte, die sie oft mißbraucht, bestehen
So lange nur als man sie anerkennet.
Leicht scheint ein andrer größer, bückst Du Dich!

Gerhard.
So hilf!

Dobersberg.
Weißt Du ein Mittel, diese Macht
Die uns erdrücken kann, zu schwächen, nütz es,
Nur gegen diese wende es nicht an.

Prank.
Warum?

Dobersberg.
Weil es die besten sind von allen,
Die würdigsten.

Prank.
Die grade müssen's sein.
Wenn Du der Distel nur die Stacheln brichst,
So weißt Du wol, sie wird davon nicht sterben,
Sie setzt alljährlich neue Blätter an.
Nein, Blüth' und Wurzel mußt Du ihr verderben,
Obgleich Dir diese niemals weh gethan.

Gerhard.
So fürcht ich ist's.

Dobersberg.
Doch wie begönnen wir's?
Sie trau'n uns nicht, sie stützen sich zu Wien,
Und geben sich nie ganz in unsre Macht.

Prank.
Ein Mittel weiß ich, das zu Wien auch hilft.
Des Kaisers Günstling, Freiherr Jörg von Ungnad,
Haßt den Paumkircher.

Dobersberg.
Und warum?

Prank.
Man sagt,
Er wollte ihm die Tochter einst vermählen.

Gerhard.
Der reiche Eidam that dem Ungnad Noth.

Prank.
Es heißt, er hätte ihm sogar geschrieben,
Der Kaiser wünsche diesen Ehebund.

Dobersberg.
Und er?

Gerhard.
Paumkircher?

Dobersberg.
Wies er ihn zurück?

Prank.
Er that's, und schickte ihm dies Wort zur Antwort:
Des Kaisers Gnade weiß ich hoch zu schätzen,
Doch seine „Ungnad" will ich nimmermehr.

Gerhard.
Ha!

Einer.
Schritte nahn.

Dobersberg.
Es sieht ihm gleich.

Einer.
Sie kommen
Zurück.
(Trompetenfanfaren die langsam verklingen.)

Gerhard.
Sein Gruß klingt lustig in den Winden.
Hört Ihr?

Prank.
Hinweg. Man darf uns hier nicht finden.
Dobersberg.
Ich weiß noch einen Weg durch's Haus.
Prank.
So kommt,
Daß ferner wir besprechen, was uns frommt.
(Alle ab nach links. — Aus dem Hintergrunde treten auf:)
der alte Greiffenegg, Margarethe und Mechtild.

Greiffenegg.
Leis' in der Fern verklingen die Trompeten,
Nun wird es wieder still auf Greiffenegg
Und einsam werden.

Mechtild
(leise).
Einsam.

Greiffenegg.
Weit voraus
Dem Zuge ritt Andreas mit Paumkircher.
Es nahm sich stattlich aus; nicht wahr?

Mechtild.
Gewiß.

Margarethe.
Wie sehr gefällt nur unsres Sohnes Freund.
Es steht so gut, daß sie zusammenhalten,
Weil einer nur des andern Werth erhöht.
Zwei edle, heldenkräftige Gestalten,
Ihr kluges Wort und all' ihr ablig Walten.
Meinst Du nicht auch, Mechtild?

Mechtild.
Gewiß.

Greiffenegg.
Komm jetzt.

Nur die Gedanken folgen unsren Freunden
Bis an den Ort, dem sie entgegenziehn;
Wir bleiben hier allein zurück; komm nur,
Sie sind schon weit von hier.

Mechtild
(ganz leise).
Schon — weit von hier.

Margarethe.
Mechtild!

Greiffenegg.
Was hat das Mädchen?

Margarethe
(sie umarmend).
Liebes Kind —
Nun — komm nur mit.

Margarethe.
Ach Mutter, liebe Mutter!
Laß mich ein wenig noch im Garten weilen,
Ich folg' Euch nach.
(Greiffenegg und Margarethe ab.)

Mechtild
(allein).
Wol wird es einsam werden!
Kehrt er zurück? O heil'ge Gnadenmutter,
Beschütze Du ihn allerwegen,
Bewahr ihn heil und unversehrt;
Er ziehet der Gefahr entgegen,
Mach, daß er froh mir wiederkehrt! —
Was thu' ich nur, ich bin heut ganz verwirrt,
Weil es einmal lebendig hier gewesen;
Es wird nun wieder werden wie zuvor.
(Unter der Linde.)
Ei Rittersporn! Er grüßt so dunkelblau,
Hier war es, wo ich ihn zuerst geschaut,
Hier will ich ruhn.
(Sie setzt sich auf die Moosbank und pflückt Blumen.)
Und wird er wiederkommen?
Ihr lieben, blauen Blumen, sagt mir das.

Vergißmeinnicht — ich weiß ein schönes
Mährchen:
In alter Zeit, in einem weiten Garten
Stand eine Burg mit Thürmen und
mit Warten,
Fern von der Welt, von hohem Alter
grau,
Drinn lebt der hehrste Held, die schönste
Frau.
Sie liebten sich — still, still —
(Ganz ferne Fanfaren.)
Ein letzter Gruß;
Er schickt ihn, scheidend, durch den Früh-
lingswind,
Fast wie im Traume klingt er leis' und
lind.
(Pause. — Sie läßt sinnend die Härfe in den
Schooß sinken.)
Das Kloster, sagt der Bruder, wär schon
gut,
Jedoch das Leben — ei wie ist es
bunt!
Schaut man auch noch so flüchtig nur
hinein,
Man sehnt sich doch danach, bleibt man
allein.

Zweiter Aufzug.

Ein Saal in der kaiserlichen Burg zu
Wien.

Der greise Rath Johann von Neiperg und Georg von Ungnad
treten auf.

Ungnad.
Die Glocke tönt nicht mehr; die Stadt
wird ruhig.

Neiperg.
Wie wohl thut Ruhe nach so hartem
Sturm.

Ungnad.
Den Valkenstein traf ich, den Burg-
kaplan,
Er sagt, nicht nur das Stubenthor sei frei,
Geräumt sei auch das Nikolai-Kloster,
Und alles flieht, wohin Paumkircher blickt
Und seine Helden aus der Steiermark.
Jetzt wird des Kaisers Majestät nur
ungern
Die Klage hören wider sie.

Neiperg.
Auch ich.

Ungnad.
Wie Herr?

Neiperg.
Es geht mir nah.

Ungnad.
Auch Ihr? Nicht möglich.
Ihr wart der älteste, Ihr wart der erste
Der sprach: um Recht und Würde zu
bewahren,
Muß man vernichten, was dagegen
wirft;
Der sprach: der Einzelne muß unter-
gehen,
Damit das Ganze kann bestehn.
Glaubt Ihr, sie werden, rückgekehrt nach
Steier,
Nicht hausen wie zuvor? Glaubt Ihr,
sie werden
Sich nach der Huld, die sie am Hof
erfahren,
Für straflos nicht, und unantastbar
halten?
Weh dem, der Milde übt, wo Strenge
noth thut,
Es dankt ihm keiner, und er trifft sich
selbst.

Neiperg.
Du sprichst sehr eifrig.

Ungnad.
Weil's die Noth gebeut.
Es sengt und brennt im Lande ob der
Enns
Herr Jörg von Stein und Sigismund
von Puchheim.

In Steyr und Freistadt liegen böhm'sche Söldner,
Den Ungarn spielt man Leibnitz in die Hände,
Hans Pössing hat St. Florian bedroht,
Und Sternberg raubt im Namen seiner Krone.
Soll ich noch mehr von solcher Willkühr melden?
Das Land verdirbt zu Füßen seiner Helden.

Neiperg.

Was Du auch sagst, wie wahr es immer bleibt,
Der Grund ist doch verschieden, der uns treibt,
Scheint's auch, daß wir das gleiche Werk verrichten:
Ich will sie retten, Du willst sie vernichten.

Ungnad.

Nein das sei fern von mir. Verhüt es Gott,
Daß ich nur einen unter allen, der
Noch zu gewinnen wär, verloren gäbe.
Heut noch versammeln in der Herrengasse,
Im Haus der Kuenring und Lichtensteine
Die Häupter der Familien sich zu Rath.
Hin führ' ich, wer mir folgt —

Neiperg.
  Was hast Du vor?

Ungnad.
    Den Kaiser
Will ich bewegen sie nach Graz zu laden,
Und einen Tag den Ständen zu bestimmen,
An welchem sie —

(Die Thüren werden im Hintergrunde aufgerissen.
Der Kaiser Friedrich tritt auf mit Rüdiger von Starhemberg u. Gefolge.

Ungnad (sich unterbrechend).
  Dies sag ich Euch später

Friedrich
(im Gespräch mit Rüdiger).

Daß sie mich in der Taufe Friedrich nannten,
Der ich so arm an Frieden bin. Zwar Dir
Mein alter Rüdiger ist Krieg erwünscht
Ich weiß, Du bist mit Deinem Schwerte eins
Und Kampf ist Dir, was uns Bewegung ist.

Rüdiger.

Mein edler Herr und Kaiser, wohl erkenn' ich
Des Friedens Segen und der Eintracht Glück
Nur scheint mir offner Krieg noch nicht das ärgste,
Doch die Empörung, die ich oft geschaut,
Wo man die Waffe hebt gen seinen Herrn,
Wie man dies thut, ich kann es nicht begreifen.

Friedrich.

Man thut so viel und man begreift so wenig;
In meinem Land hab' ich das so gefunden,
Bei andern Völkern mag es anders sein.

(vorkommend)

Ei sieh, Hanns Neiperg und Freund Ungnad hier.
Nun sagt, ihr Herren, was soll das ernste Antlitz
An einem Tag, den wir der Freude weih'n?
Gewiß Ihr grämt Euch noch, das Eure Gegner
Die unsern diesmal siegreich überwanden.
Die Steirer sind doch da, wo man sie braucht.

Ungnad.

Wo man sie nicht braucht, trifft man sie zumeist.

Friedrich.

Ich kann's nicht finden Herr. Zu dreien malen
Hat mich Paumkircher aus Gefahr errettet.
Und dreifach auch soll unsre Gnade sein.
Auch glauben wir, wer schon so oft sein Leben
Freiwillig hat für uns auf's Spiel gesetzt,
Als sei es unser Erb- und Eigenthum,
Und nur als Lehen trüg er es von uns,
Der wird auch unsrem Wort in Treuen folgen
Und Frieden machen, wo uns Streit verhaßt.
Hört Ihr nicht ferne Stimmen?

Neiperg.
          Ja, so scheint es.

Rüdiger.
Und Trommelschlag und Pfeifer.

Ungnad (am Fenster).
          Aus der Straße
Drängt eine große Menschenmenge her.
Zu Pferde viele Herren —

Friedrich.
          Sie sind's, sie kommen.
Führ sie herauf, geleite sie zu uns.
(Ungnad geht ab.)
Wie freu' ich mich die Helden zu begrüßen,
Sie mögen uns noch heute zum Te Deum
Laudamus in die Stephanskirche folgen.
Mit Dankgebeten und mit Friedenstiften
Sei dieses Tages Weihe noch erhöht.
Wem Gott sich gnädig zeigt, der sei gewiß,
Er will durch ihn ein gutes Werk vollbringen.
Heut wohnt auf unsren Lippen das Gelingen.

(Die Pforten im Hintergrunde werden geöffnet.
Es treten auf:
Herolde, Paumkircher und Pössing, Andreas Greissenegg und Lichtenstein, Dietrichstein und Herberstein, Trautmannsdorf und Stubenberg, Ungnad und reiches Gefolge.
Von außen Musik und Volksgeschrei. — Begrüßung.)

Friedrich.
Heran, Ihr Herren von Oesterreich und Steier,
Nehmt unsern Gruß zuerst und unsern Dank.
Wär einer unter Euch, an den Erinnrung
Nicht viele Zeichen kühnen Muthes knüpft,
Wir sagten ihm: Solch' eine einzige That
Drückt Dir den Stempel auf für alle Tage.
Denn so wie nie der Feige muthig wird,
Und nimmer treu, wer jemals falsch gewesen,
So werden Treu und Muth dem immer bleiben,
Den sie nur einmal auf die Stirn geküßt.
Noch einmal, seid bedankt. Ihr habt uns heute
Zu einer bösen Stund' in Wien besucht;
Ihr fandet wol ein wenig Lärm im Hause
Und war der Thorwart auch nicht gleich zur Hand,
Doch habt Ihr ohne Zaudern selbst geöffnet,
Wie gute Freunde thun, und kamt zu uns.
Nun bieten wir zum Willkomm Euch die Rechte
Und lassen Euch sobald nicht wieder fort.

Paumkircher.
Heil meinem hohen Herrn und gnäd'-
gem Kaiser!

Dietrichstein.
Lang lebe Kaiser Friederich und froh.

Friedrich.
Wir sind auf dieser Erde lang gewan-
delt
An Freuden arm und reich an Leid und
Fährniß;
So manche Prüfung haben wir bestanden,
So mancher Schmerz hat uns gar tief
gebeugt;
Doch nie verließ uns jenes Gottver-
trauen
Auf das wir fest und immer fester bauen,
Nie das Gefühl, daß auch durch Noth
und Sorgen
Heranbricht unsrem Reich ein goldner
Morgen,
Daß unser Name unser Stamm wird
glänzen
Durch alle Zeit, bis an der Menschheit
Gränzen;
So lang die Welt besteht, wird Habs-
burg stehen,
Und wird nicht von der Erde unter-
gehen.

Herberstein.
So lang' die Welt besteht, mein hoher
Herr,
Sei mein Geschlecht in Treuen Dir er-
geben.

Trautmannsdorf.
Mein Leben sei nur Deinem Dienst
geweiht.

Dietrichstein.
Dein sind die Dietrichstein für alle Zeit.

Pössing.
Es sei Dein Sieg, fortan mein einzig
Glück.

Lichtenstein.
An Habsburgs Namen kett' ich mein
Geschick.

Friedrich.
Dank, edle Herren, Dank, und hört
noch eins:
Nicht gerne sehen wir in unsren Landen
Die Klingen blank und die Gesichter
finster,
Mit Trauer schauen wir den innern
Streit
Der weitergräbt mit den geschäft'gen
Wurzeln.
Schön ist dies Land und fruchtbar das
Gefild,
Die grünen Forste reich an Wild,
Die Thäler breit und stromreich sind
die Auen,
Fürwahr, kein beff'res Land mag ich
erschauen.
O wäre es so glücklich wie es schön,
Man hätte so voll Glück noch kein's
gesehn.
Und glaubet mir, mein Herzblut setz'
ich' d'ran
Zu wirken und zu helfen wo ich kann;
Doch hab' ich wol den Landmann sagen
hören:
Lang' lebe unser guter Kaiser Friedrich
Und schütz uns Gott vor denen, die
ihm dienen.
Das soll nicht sein, ihr Herren, das darf
nicht bleiben.
Wir wollen diesen frohen Tag benützen,
Den Streit, den viele unter Euch noch
führen,
So viel mit Recht geschehen kann zu
schlichten.
Schon harret Eggenberg
Mit Schriften, die die Stände Steier-
mark's
Hieher gesandt zu gleichem Friedens-
zweck,

Wer Klage führt, der trete vor.
Nun? Sprecht,
Wie, keiner? oder alle? Rede Du.
(Zu Greiffenegg.)

Andreas von Greiffenegg.

Wir haben alle, gnädiger Herr und Kaiser,
Die Ford'rungen und Rechte an Andreas
Paumkircher übertragen.

Die Andern.
Ja, so ist es.

Friedrich.

So sprich denn Du; Du kennst nun unsern Willen,
Bedenke ihn, und kämst Du je in Noth
So wende Dich an uns, daß wir Dir helfen.
Was Du dem deutschen Kaiser hast gethan,
Der Fürst von Steier wird es nicht vergessen.
Wir kommen binnen kurzem selbst nach Graz,
Und sehen nach. Lebt wol.
(Verabschiedende Handbewegung.)

Paumkircher.
Mein gnädger Kaiser.

Friedrich
(stehen bleibend.)

Ich will Dir gnädig sein, doch rascher Mann,
Bedenk' es wol, regt wieder sich in Dir
Der fehdeluftge Geist: zertrümmre nicht,
Was aufzubauen Du uns helfen solltest,
(Kaiser ab, mit Neiperg, Starhemberg und Begleitung. Eggenberg tritt bei.)

Eggenberg.

Geliebt's, Ihr Herrn, die Schriften anzusehen,
Die Euretwegen hergesendet wurden?
Doch nehmt erst Platz.
(Man setzt sich.)

Paumkircher.
Was sagen diese „Schriften."

Eggenberg.

Hier heißt es, daß rückständiger Sold von Euch
Für Steiermark gefordert wird.

Paumkircher.
Steht's da?

Pössing
(leise zu ihm.)
Nur ruhig.

Eggenberg.

Pergamente hier und Siegel
Und Unterschrift der Stände hier aus Graz,
Besagen, daß im Lande eine Steuer
Ward ausgeschrieben, um Dir zu genügen.

Paumkircher.

Wie lange währt's, das saget mir Ihr Herrn,
Bis diese Steuer, diese ausgeschriebene,
Auch eingetrieben ward?

Ungnad.
Das schätze selbst.
Erst die Bedingungen, die dran geknüpft,
Mußt Du erfüllen. Wiedergeben sollst Du
Was Du den Ständen vorenthältst; befreien
Was eigenmächtig Du belegt; so will es
Der Kaiser.

Paumkircher.
Wenn 's der Kaiser will,
So füg ich mich.

Eggenberg.
Und ferner will er noch,
Daß Du Dein Kriegsvolk hältst in
Zucht und Ordnung.
Gleich Räubern plündern sie im
eignen Land
Und hier liegt Klag auf Klage,
hergesendet,
Ein Hülfeschrei an Seine Majestät.

Paumkircher.
Die Stände, ei! Sie brauchen meine
Knechte,
Und sagten Sold mir zu, da ich
sie warb.
Nun zahlen sie ihn nicht, und fin=
dens leichter
Durch Klagen decken ihre eigne
Schuld.
Grad um die Knechte, wie Ihr
wollt, zu halten,
Verlange ich den zugeschwornen
Lohn;
Ihr aber sagt, daß Ihr ihn dann
erst gebt,
Wenn ich sie schon zurückgehalten
habe.

Ungnad.
So weigerst Du Dich?

Pössing.
(leise.)
Hüte Dich.

Paumkircher.
Nun gut.
Ich will 's versuchen, selbst sie zu
befriedigen
Aus eignen Mitteln, Kaisers Wunsch
zu Ehren.

Eggenberg.
Hier ferner liegt ein dringend Do-
kument
Vom Stift St. Florian hierher-
gesendet.
Belagert und bedreut durch Hans
von Pössing,
Erbittet es — —

Paumkircher.
Mir gilt es, mir. Ich habe
Von Allen Schuld und Fordrung
übernommen.

Eggenberg.
Du sollst zurückziehn Deine Truppen,
sagen
Die Stände, und das Kloster geben
frei.

Paumkircher.
Die Stände sagen 's?

Ungnad.
Ja. Die Herrn von Gratz,
Sie sendeten aus ihrer Mitte einen,
Den Du wol kennst.
(Prank tritt vor.)

Paumkircher.
Du bist es Prank, Du hier?

Stubenberg.
(leise zu Pössing.)
Unruhig wird Paumkircher. Sieh
nur hin.

Pössing.
Nein, noch sucht er sich zu be=
zwingen.

Paumkircher.
Gut.
Auch das. Doch zieh' ich all dies
Volk an mich.
Und that ich Alles, wie Ihr es
verlangt,
Nicht weil's die Stände, weil's der
Kaiser wollte,

So werden wir die Stände endlich auch
Die Mittel geben, all dieß Volk zu halten,
Das ich für Steiermark geworben habe.

Prank.
Sie werden 's nicht, so lange Du Paumkircher
Die unerhörte Forderung nicht zurückziehst,
Daß wir für Leibnitz auch Dich rüsten sollen,
Das unter Deinem Schutz zu Ungarn hält.

Paumkircher.
Das ist nicht wahr.

Ungnad.
Auch uns ward diese Kunde.
Wir hielten sie zurück noch, um nicht heute
Des Kaisers viele Sorgen zu vermehren,
Die selten frohe Laune ihm zu rauben.

Paumkircher.
(aufspringend.)
Und heut sagt Ihr mir das?

Prank
(aufstehend.)
Regt sich im Osten
Ein Feind auf's neue, den gar wol wir kennen,
Der oftmals schon mit seinen wilden Horden
Das deutsche Reich verwüstend überschwemmt,
So können wir nicht eine Hand bewehren,
Die noch vor Kurzem mit ihm Bündniß schloß.

Paumkircher.
So also meint Ihr's?

Ungnad
Du warst lang in Ungarn
In Staatsgeschäften —

Paumkircher.
Wer befahls? Der Kaiser.

Ungnad
(aufstehend.)
Du warst am Hof Mathias lange Zeit.
Der schenkte in Kroatien Dir das Schloß.
Und den Burgfrieden Kaisersberg. Zugleich
Ward durch Bedingung eines neuen Friedens,
Den Du vermitteltest, wie allbekannt,
Den Ungarn ihre Krone ausgefolgt,
Und die Stadt Oedenburg und sechzigtausend
Dukaten. Unser Kaiser nahm Mathias
An Sohnes Statt, wie das so Sitte ist,
Und er behielt, was ohne dies sein eigen:
Den Titel eines Königes von Ungarn.

Einige
(unter einander redend.)
So ist's — wir wissen es — so war der Frieden.

Ungnad.
Mathias und Paumkircher sind seitdem
Zu Danke sich verpflichtet —

Lichtenstein
(aufstehend.)
Herr von Ungnad,
Ich glaube nicht, daß nach geschlossnem Frieden

Paumkircher mit den Ungarn noch
verkehrt.

Ungnad.

Wollt Ihr Beweise? Kommt zu
Eurem Oheim.

Paumkircher.

Verdacht! Verdacht.

(Greiffenegg, Pössing, Trautmannsdorf und
Stubenberg springen auf. Es wird unruhig im
Saale.)

Trautmannsdorf.

Laß es nicht gelten.

Pössing.

Komm, wir wollen fort.

Greiffenegg.

Heut dieser Zweifel!

Prank
(zu Ungnad.)

Sieh. Nun bricht er los.

Paumkircher.

Nein, nein. Zur Ruh, Ihr Freunde
laßt mich sprechen,

(es wird wieder still.)

Und Ihr hört an: Wenn Leibnitz
sich empört,
So werf' ich's in den Staub, wenn
Ungarn droht
Die deutschen Lande wieder zu be=
treten,
So sendet mich, mich sendet an die
Grenze,
Ich will Euch zeigen, wen Ihr
angezweifelt.
Doch jetzo fordr' ich dringend Sold
und Söldner,
Jetzt wo die Noth gebeut das
Schwert zu ziehen,
Laßt Eure Schriften, Eure Perga=
mente,
Sagt zu, sagt zu, jetzt, jetzt.

Ungnad.

Es kann nicht sein
Eh Du uns die Bedingungen er=
fülltest.

Paumkircher.

Sie sind erfüllt, wenn ich nach
Ungarn ziehe.

Ungnad.

Gefährlich scheint die Hülfe die Du
bietest,
Und wol bleibt's zu erwägen und
bedenken,
Was hier zu thun, und was zu
lassen sei.

Paumkircher.

Erwägen und bedenken? Jetzt be=
denken?

(losbrechend)

Hab' ich erwogen denn, sagt mir,
Ihr Herren
Hab' ich erwogen je und mich bedacht,
Wenn mich der Kaiser rief zu seiner
Hülfe?
Ich folgte seinem Ruf, ich war sein
Mann,
Und dachte nie, es könnten niedre
Zweifel
An mir hinan einst kriechen, so wie
jetzt.
Wie oftmal habt Ihr meines Arms
bedurft,
Und oft noch könntet seiner Ihr
bedürfen.
Hab' ich erwogen vor der Feste Cilly,
Wo unser Kaiser hart gefangen saß?
Hab' ich am Thor zu Neustadt mich
bedacht?
Wenn man Paumkircher rief, so war
er da,
Und gestern noch, und heut, und
immer, immer —

Und Ihr steht jetzt vor mir mit
    Richtermienen
Ihr zuckt die Achseln — lächelt —
    Ihr — O pfui!
Zum Höllenpfuhl, Erwägen und
    Bedenken!
(Große Aufregung in der Versammlung.)

Prank.
Sehr heftig drängt Dein Eifer Dich
    nach Ungarn.
So nöthiger scheint es hier zu zögern.

Paumkircher.
            Zögern?
Wenn ich gezögert hätte noch heut
    morgen,
So säße jetzt des deutschen Reiches
    Kaiser
Anstatt am Thron, in Haft, vielleicht
    sogar
Läg' er im Grabe schon, hätt' ich
    gezögert!
(Alle springen auf, Bewegung und Gemurmel.)

Einige.
Er glüht — ist außer sich — nur
    zu! Paumkircher —

Andere.
Hier, in des Kaisers Burg — er
    wagt es — Ruhe!

Prank.
Du kannst nicht ruhig sein.

Paumkircher.
        Ich, ruhig? Prank?
Wem stellt man hier noch gegenüber?
        Dir?
Dich hasse ich, verachte ich —

Ungnad.
        Halt ein!

Prank.
Ich stehe hier jetzt in der Meinen
    Namen.

Paumkircher.
Die Deinen? Bürgervolk und
    Bauernpack,
Zu denen Du, verleugnend Deinen
    Stamm,
Dich feig erniedrigt.

Ungnad.
        Nun genug, zu viel!
Zur Mäßigung mahnte unser Herr
    nur eben.

Prank.
Schilt nicht den Bürger; acht ihn
    nicht zu klein.
Er wird Dich und die Deinen einst
    bezwingen.
Dein Reden acht ich nicht. Wir
    stehen uns
Heut' nicht zum letzten Male gegen=
    über.   (ab.)

Ungnad.
Ihr drängt ihn fort?

Paumkircher.
Er geh'! Zu End das Feilschen.
Wer ritterliches Blut in seinen Adern
Noch muthig kreisen fühlt, der
    folget mir.

Greiffenegg.
Wir stehn zu Dir.

Pössing.
    Die Meinen auch.

Mehrere.
            Auch wir.

Einige.
Doch hüte Dich — Bedenk —

Andere.
    Mit Dir Paumkircher.

Ungnad.
Schreibt Euch das Ende selber zu.

Paumkircher.
        Das will ich.

Ungnad.
Die Stände habt Ihr, statt sie zu versöhnen,
Gekränkt, und daraus folgt — —

Paumkircher.
Folgt was daraus?
Soll ich mich beugen und demüthig thun?
Wer sind die Stände? Fürchte ich die Stände?
Mit wem verkehr ich hier? Paum=
kircher bin ich!
Und wer mir traut, der folgt mir nach! Hinaus!
(rasch ab durch den Hintergrund.)

Greissenegg.
Ihm nach, dem edlen Freund.

Pössing.
Gut! folgen wir.
Er scheint ganz außer sich.

Greissenegg.
Kommt mit. Ihm nach.
(Greissenegg, Pössing und viele Ritter ab durch den Hintergrund. Indessen ist Ungnad mit Einigen vorn zusammengetreten.)

Ungnad.
(leise und rasch wie das folgende.)
Kommt mit zu Kneuring, ich bitt Euch dringend,
Denn dort versammeln sich zu dieser Stunde
Die Herren zur Berathung, ob man länger
Noch dürfe mit ihm gehen Hand in Hand.

Dietrichstein.
Bleibt er beim Kaiser ja; wenn nicht, so nicht.

Trautmannsdorf.
Wie kann der Argwohn sich so rasch verbreiten?

Ungnad.
Der Argwohn gleicht dem Blitz, wenn er gegründet,
Der, wie man ihn erblickt, sogleich entzündet.

Herberstein.
Das sag' ich auch.

Stubenberg.
Ich zweifle, ob es wahr.
Wer wäre treu, wenn er sich falsch erwiese?

Ungnad.
Drum müßt Ihr ihn erproben, drum kommt mit,
Wenn man an seinem Schwert ein Fehl entdeckt,
Kann man sich in Gefahr noch d'rauf verlassen?

Dietrichstein.
Wohlan ich gehe mit.

Lichtenstein.
Was thust Du?

Dietrichstein.
Besser
Erscheint es mir, sich gleich zu über=
zeugen
Als sich vielleicht unwürd'gen Zwei=
feln weih'n,
Die jede Freundschaft langsam un=
tergraben.

Herberstein.
Ich folge Dir.

Stubenberg.
Ich auch, doch nur, zu sehen,
Ob hier Gefahr für unsern Freund sich bildet.

Ungnad.

Befreundet ist ihm jegliche Gefahr,
Er ruft sie selber, wenn sie sich entfernt,
Und wenn der rasche Zorn ihn übermannt,
So ist er taub jedweder Warnerstimme
Blind seinem Glücke trauend und sich selber.
Ausrufen wird man's müssen in den Gassen
Daß erst ein Tag zu Graz den Streit entscheidet,
Denn sonst erleben wir vielleicht noch heute
Daß sich der leicht bewegte Sinn der Menge
Zu ihm hinwendet. Jetzt schon vor der Burg,
Neugierig, wie die Wiener immer sind,
Versammeln sie in großen Haufen sich.
Ich sag, es endet schlimm.

Lichtenstein.

Verhüt' es Gott!
Wie sollte heute etwas übel enden?
Kann Gutes sich so schnell zum Bösen wenden?
Komm Stuchs, wir wollen hin, ihn selbst zu sprechen.

Ungnad.

Und Ihr mit mir, wir geh'n zu Lichtenstein.

Herberstein.

Wohlan!

Stubenberg.

Es sei.

Dietrichstein.

Es muß entschieden sein.

(Alle ab.)

Verwandlung.

Eine Straße in Wien.

Paumkircher tritt rasch auf.
Pössing und Greissenegg folgen ihm.

Pössing.

Gib Dich nicht so dem Unmuth hin.

Paumkircher
(sehr heftig, wie alles folgende)

Verdammt
Das Mäkeln und das Feilschen — o!

Greissenegg.

Andreas,
Hör mich —

Paumkircher.

Verdammt wer gütig sein Vertrauen,
So wie ein schlafend Kind sein rosig Haupt
In ihre Schlingen legt; sie ziehen zu
Und lachen mit der Feigheit ecklem Grinsen.

Pössing.

's ist ja noch nicht so arg

Paumkircher.

Sie sagen mir,
Hier sind die Pergamente und die Siegel
Aus Graz und hier die Unterschrift der Stände;
Sie sagen mir, die Steuern sind im Lande
Schon ausgeschrieben von dem Münzenmeister,
Und Du erhältst, was Dir gebührt, dein Recht;
Nur thu' noch dies und das und dann noch jenes,
Und was weiß ich, was ich nicht will noch kann.
Sie sagen mir, für Leibnitz könnten sie
Mir weder Geld noch Söldner anvertrauen,

Sie wüßten nicht, wie ich sie brauchen
    würde.
Wie ich mit Ungarn stehe — sagen mir,
Ich müßte auch mit allem andern
    warten
Bis Leibnitz wieder sicher sei für sie,
Und g'rade deshalb brauch' ich Geld
    und Leute,
Gerade deshalb fordre ich mein Recht.
Sie sagen mir, es soll mir nicht ent=
    gehen,
Sie würden alles zahlen doch nicht jetzt,
Und grade jetzt, jetzt grade muß es sein,
Ich glaube, wenn sie einen seh'n ver=
    dursten,
So schöpfen sie das Wasser aus der
    Quelle,
Und steh'n bei ihm und warten bis er
    tod,
Und sagen dann: Wir han ihn retten
    wollen.

   Greissenegg.
Hör auf, es wird sich vieles ändern
    lassen.

   Pössing.
Er nährt den Groll durch seine eignen
    Worte.

   Paumkircher.
Und mir dies Mißtraun, diese niedern
    Zweifel,
Versprechen soll ich, daß ich treu und
    ehrlich
Dem Kaiser diene (daß ich nicht etwa
Nur so zum Schein das Leben für ihn
    wage)
Geloben soll ich meine fernern Dienste
(Durch dreizehn Schlachten bin ich nicht
    erprobt)
Spricht nicht genug für mich des Kaisers
    Huld?
Schon meine Wunden führen eine
    Sprache,
Die man verstehen muß wo je die
    Sonne

In blanken Schwertern spiegelte ihr
    Antlitz.
Und trifft mich jetzt so schnöde Zu=
    muthung?
Bekennen würd' ich, daß ich falsch ge=
    wesen,
Würd' ich versprechen wahrhaft treu
    zu sein.

   Pössing.
Der Kaiser mahnte uns noch heut' zur
    Milde
Zur freundlichen Entscheidung.

   Paumkircher.
   Freundschaft — Milde?
Man soll die Hunde unterm Thor be=
    graben,
Daß jeder auf sie tritt, der kommt und
    geht.
   (Zu Greissenegg.)
Geh' in die Herberg, sieh nach den
    Knechten,
Laß satteln — gleich!

   Pössing.
  So willst Du fort aus Wien?

   Greissenegg.
Um Gott! Andreas, nicht in dieser
    Stimmung.

   Paumkircher.
Laß satteln sag ich — fort von hier
    — sogleich

   Greissenegg.
Andreas —

   Paumkircher.
  Fort! Soll ich denn selbst —

   Greissenegg.
     Nein, nein,
Ich geh. O Gott, wie soll das enden?

   Paumkircher.
     Pössing
Sie lachen über mich. Ich duld' es
    nicht —

Hans — hörst Du nicht? Bist Du
aus Stein, aus Eis?

Pössing.
Komm doch zu Dir.

Paumkircher.
Ich sag, sie spotten mein
Am Tag des Siegs, am Tage des
Triumph's!
O! O!

Pössing.
Hör auf. Du mußt's verwinden lernen.
(Stubenberg tritt haftig auf.)

Stubenberg.
Paumkircher, auf!

Paumkircher.
Was ist.

Pössing.
Der Stubenberg.

Stubenberg.
Der Himmel zieht die Stirn in krause
Falten
Die Wolken ballen sich zu Ungewittern,
Und Dich, Paumkircher, trifft der Blitz.

Paumkircher.
Schlag ein.

Stubenberg.
Ich war bei Kuenring. Geführt von
Ungnad
Mit vielen andern trat ich ein. Die
Halle
Ist vollgedrängt von Männer, die erhitzt
Und heftig sich besprechen. Oft vernahm
ich —
Aus wild verworrner Rede deinen Namen
Und dann —

Paumkircher.
Fahr fort.

Pössing.
Was geht denn vor?

Stubenberg.
Paumkircher!

Paumkircher.
Fahr fort.

Stubenberg.
Man zeigt sich einen Zettel dann —

Paumkircher.
Fahr fort.

Stubenberg.
Den jüngst ein Bote hergebracht
Aus Leibnitz —

Paumkircher.
Ha!

Stubenberg.
Die Stadt ist über —

Paumkircher.
Nein!

Stubenberg.
Und ungrisch Volk liegt dort und hält
die Gegend.

Pössing.
Auch das, auch das?
(Lichtenstein und Trautmannsdorf treten haftig auf.)

Stubenberg.
Es ist ein harter Schlag.

Trautmannsdorf.
Paumkircher hör.

Lichtenstein.
Andreas!

Paumkircher.
Wie auch Ihr?
Sucht Ihr mich auf, wenn andre mich
verlassen?
Du Niklas, warst Du nicht bei deinem
Ohm?

Lichtenstein.
Ich war bei ihm und war bei Traut=
mannsdorf,

Die Herrengasse ist ganz vollgedrängt
Von Leuten, die zu Fuß und Roß dort
lagern
Bald Dich vertheidigend, bald Dich be=
schimpfend,
Denn Leibnitz ist —

   Paumkircher.
      Ich weiß, ich weiß.
   Stubenberg.
      Ist über.
   Trautmannsdorf.
Ein zweiter Bote heißt es, suche Dich
In Deiner Herberg.

   Lichtenstein.
      Ja ein zweiter Bote
Gesandt aus Ungarn —

   Pössing.
      Was?
   Lichtenstein.
      Ich weiß es nicht.
   Stubenberg.
Wie träfe das zusammen?

   Lichtenstein.
      Hör Andreas:
Das rasch erweckte Mißtrau'n ist ge=
fräßig
Und unersättlich.

   Paumkircher.
   Lichtenstein.
   Lichtenstein.
      Hör an.
Dir bleibt ein Weg. Geh jetzt zum
Kaiser,
Nimm Urlaub, um nach Leibnitz hin=
zueilen,
Und führe deutsches Volk vor jene Stadt.

   Paumkircher.
Zum Kaiser kann ich jetzt nicht wieder
gehen,
Nach dem Empfang, den glorreich ich
genossen
Will ich nicht angeschuldigt vor ihm
stehen.

   Trautmannsdorf.
Und doch muß es geschehn. Dir glaubt
er alles,
Und helfen wird er, wenn Du ihm ver=
traust.

   Pössing.
Ja, kehr um. Geh jetzt nicht fort von
Wien.

   Trautmannsdorf.
Kehr um, kehr um. Wir folgen Dir.

   Paumkircher.
      Nein, nein.
   Stubenberg.
Was ist?

   Pössing.
Dort kommt der Greissenegg zurück.

   Lichtenstein.
Ein Mann mit ihm.

   Trautmannsdorf.
    Das ist der Bote Ungarns.
(Greissenegg tritt mit dem Boten auf.)

   Greissenegg.
Andreas, Dein Gebot hab ich vollführt;
Die Knechte in der Herberg sind bereit,
Die Rosse steh'n gezäumt vor ihren
Ställen.
Doch hör erst diesen an, er kommt mit
Botschaft
Aus Ungarn her —

   Alle.
      Aus Ungarn.

   Lichtenstein (rasch).
      Hör ihn nicht,
Folg mir, gib mir die Hand

   Paumkircher.
      Warum nicht hören?

Lichtenstein.
Folg mir nur diesmal, diesmal laß Dich leiten —
Zum Kaiser führt Dein Weg, komm mit Paumkircher.

Pössing.
Vielleicht enthält dies Blatt, das Euch schreckt,
Die Wiedergabe der verlornen Stadt.

Paumkircher.
Lies Greiffenegg.

Greiffenegg
(das Blatt nehmend).
O wenn das möglich wäre —
Ha —!

Paumkircher.
Du erschrickst? Sag' laut was spricht die Schrift?

Greiffenegg.
Du wirst durch sie von Mathias Kor=
ninus
Zum — Dank für Deine Dienste — zum Magnaten
Und Reichsbaron Hungarias ernannt.
(Alle stehen starr — Pause — In der Tiefe der Straße sind einige Bürger aufgetreten. — Plötzlich wenden sich Lichtenstein und Trautmannsdorf zum Gehen.)

Paumkircher.
Lichtenstein —!

Lichtenstein.
Fahr wohl, Paumkircher, Du siehst uns nie wieder.
(Ab mit Trautmannsdorf. — Es sammeln sich im Hintergrund mehr Bürger.)

Erster Bürger
(leise zu dem Andern).
Ich sag', der große ist's.

Zweiter Bürger.
Er schaut so wild.

Pössing.
Gewiß wird die Ernennung von Mathias
Dir nur zum Dank gesendet für den Frieden,
Den zwischen ihm und Friedrich Du vermittelt.

Stubenberg.
Sie konnten noch nicht Nachricht haben.

Zweiter Bürger.
Poldl
Was ist er denn so stumm!

Erster.
Er denkt halt nach.

Dritter.
Schrei'n wir nicht vivat?

Erster.
Ei beileibe nit
Er geht ja ab vom Kaiser.

Zweiter und Dritter.
Was?!

Mehrere.
Der Holzer,
Der Holzer kommt.

Erster.
Der sucht ihn.

Greiffenegg.
Sieh nur hin,
Dort an der Ecke stehn sie scheu ge=
drängt.

Pössing.
Was soll das heißen?

Stubenberg.
Seht, die Menge theilt sich
Und einer kommt.

Pössing.
Ein Rathsherr scheint er.
(Wolfgang Holzer ist aufgetreten. Mit ihm bewegen sich die Bürger nach vorne.)

Dritter
(leise).
Jetzt schrein wir vivat.

Erster.
Geh.

Dritter.
Na nur ganz leis.

Greiffenegg.
Was wollt Ihr Herr?

Holzer.
Ich suche den Paumkircher.

Erster.
Aha.

Zweiter.
Es ist schon so.

(Gemurmel unter den Bürgern — drängen sich herzu. — Paumkircher tritt Holzern entgegen.)

Holzer.
Ich, Wolfgang Holzer,
Derzeiten Hub- und Bürgermeister Wiens
Bin von des Kaisers Majestät gesendet,
Um Dich, vieledlen Herrn Andrä Paumkircher
Zu suchen, und Dir folgendes zu künden.
Friedrich, von Gottes Gnaden röm'scher Kaiser
Zu allen Zeiten Mehrer seines Reichs,
Herzog zu Oestreich, Steier, Kärnthen, Krain,
Herr auf der Wind'schen Mark und Portenau,
Graf zu Tyrol, zu Habsburg, Phyrt und Kyburg,
Markgraf zu Burgau und Landgraf im Elsaß
Entbietet Dir, Paumkircher, seinen Gruß,
Und da in der vieltreuen Wienerstadt
Die kaum erworbne Ruhe wird gefährdet
Durch Deinen Streit, den er begütigt wünschte,
So ladet er, von heut in sieben Tagen,
Dich auf sein Schloß zu Graz.

Greiffenegg.
Nach Graz?

Die Andern.
Nach Graz?

Holzer.
Wo Du den Rath der Stadt versammelt findest,
Und ein Gericht, gewaltigt zu entscheiden
Für diesen Tag erhältst Du frei Geleit
Dort zu beenden, was Du dort begannst.

Greiffenegg.
Das also wär das Ende?

Pöffing.
Sieh ihn an.
Wie's ihn ergreift.

Stubenberg
Er sucht sich zu bezwingen.

Zweiter (leise).
Jetzt muß er fort.

Dritter.
Gut, wenn er geht, Ihr Freunde,
Der Unruhstifter.

Zweiter.
Was?

Erster.
Mir thut er leid.
So lustig heute früh und jetzt so traurig.

Holzer.
So laß ich Dich. Des Kaisers Auftrag hab' ich
Erfüllet ohne Zögern. Thu desgleichen.

(Ab mit den Bürgern. — Pause.)

Stubenberg.
Was nun?

Pöffing.
Es ziemt dem Knecht die freche Sprache.
Die Sonne wendet sich, der Schatten wächst.

Greiffenegg.
Paumkircher, sprich, was thun?

Pöffing.
Paumkircher, hilf.

Paumkircher
(ausbrechend).
Am Tag des Siegs, am Tage des Triumphs!
(Aus weiter Ferne tönt Musik und vielstimmiges Volksgeschrei herüber.)

Greiffenegg.
Paumkircher, Lichtenstein hat Recht. Hörst Du Stimmen?
Mit ihrem Kaiser ziehn die Wiener hin
Zur Stephanskirche, nahe hier vorbei.
Tritt Du ihm in den Weg, wir folgen Dir,
Noch ist es Zeit, noch läßt sich alles ändern.

Paumkircher.
Nein, nein.

Pössing.
Noch ist es Zeit. Was uns getroffen,
Es wird, ein wüstes Bild, in Nacht verschwinden.
Halt uns den Weg der Zukunft wieder offen,
Komm mit Paumkircher.

Paumkircher.
Nein.

Stubenberg.
Komm mit Paumkircher.
Laß nicht die Zeit der Rettung so verstreichen.

Greiffenegg.
Komm mit Paumkircher und laß Dich erweichen.
Oft läßt ein Augenblick, den man versäumt,
Im ganzen Leben sich nicht mehr erreichen.
Zu späte Reu folgt nach.

Paumkircher.
Nein, nein und nein! Ich kann nicht zweimal bitten,
Durch Thaten sprach Paumkircher alle Zeit.

Greiffenegg.
Und duldest Du, daß sie Dich treulos nennen?

Paumkircher.
Jetzt bitten, heißt die Schuld nur anerkennen,
Sinkt Euch schon jetzt der Muth? Ich glaub es nicht,
Folgt mir wie sonst, o Freunde, Ihr sollt sehen,
Daß wir gehobnen Hauptes weiter gehen.
Zu Puchheim send ich Boten und zu Stein.
(Zu Stubenberg.)
Du weißt, der Jörg war immer Schwert in Faust.
Dann nach St. Florian, und laßt das Stift,
(Zu Pössing).
Du mußt von dort die Söldner rückberufen,
Wir brauchen sie, und jeder sichre Mann
Gilt zehnfach in wankelmüth'ger Zeit.
(Zu Greiffenegg.)
Und Du, ich weiß, Du läßt mich nicht, Andreas —

Greiffenegg.
Bis in den Tod mit Dir.

Paumkircher.
Bis in den Tod.
O meine Pläne, froher Zukunft Bilder,
Wie eilt ihr hin geflügelt, mit den Winden,
Und laßt mich ernst zu ernstem Werk zurück,
Vergebens such ich euch zu fesseln und zu binden,
Denn wen der Frieden flieht, den flieht das Glück.
Hanns, schick auch einen Knecht zu Teufenbach,
Zum Landsberg auch und laßt in Kainach werben,

Der Lorenz Hausner gibt mir Geld,
und Ulrich
Von Preßnitz schickt mir Eisen zu. Ich
weiß
Es gibt noch immer Freunde die mir
helfen.
O Leibnitz, Du verrätherische Stadt,
Ich will Dich treffen, daß Du's nie
vergießt,
Und deine Mauern, die Dich jetzt um-
schließen
Wie um den Helm ein goldner Reif
sich schmiegt,
Zertrümmern will ich sie in Schutt und
Asche;
Zur Rache ist mein Arm noch stark
genug.
Wir kommen auch die Wärringer zu
Hülfe,
Und Windischgrätz, der fehlt in keiner
Schlacht.
Es geht, es geht. — Doch erst nach
Graz. Man hat
Mir einen Tag bestimmt, mich zu ver-
theidigen,
Vor Rath und Stadt — ich will den
Tag benützen
(Paukenwirbel und Trompetentusch ganz nahe.)

Stubenberg
Hörst Du?

Greissenegg.
Die Hülfe ist so nah.

Paumkircher.
Nein, nein.

Volk (von außen).
Heil unsrem guten Kaiser Friedrich!
Heil!

Paumkircher.
Heil Kaiser Friedrich! Trete ich auf's
neue
Vor Deinen Thron, so ist's in alter
Treue.

Was mich auch trifft, es soll gefaßt
mich finden,
Des Mannes größtes Wort heißt: über-
winden.
(Während sich alle zum Gehen wenden und der
Volkszuruf sich immer ferner wiederholt.)

Dritter Aufzug.

Zimmer in einer Herberge von Graz.

Der Wirth. An einem Tische sitzen
Michel und Sebastian.

Wirth.
Nu, Anna, wird's?

Anna
(außer der Bühne).
Ich komme gleich.

Michel.
Herr Wirth,
Ihr müßt das Mädel nicht so streng
behandeln.

Wirth.
Ei junges Blut soll sich nur rühren.
Anna!

Anna
(mit Krügen kommend).
Hier Vater. Ich war ja im Keller
drunten,
Drum ist der Wein auch frisch wie'n
Felsenquell.

Sebastian.
Wir wissen's.

Wirth.
Ja, Ihr Herren, der Wein bei mir
War immer so, und wißt, zu jener
Zeit,
Da Herzog Friedrich mit der leeren
Tasche

Des Landes Vormund war, nahm er einmal
Eh er nach Graz einritt, hier einen Trunk.

Sebastian.
Die alte Leier.

Michel.
Und die leere Tasche
Ließ er zu Hause.

Wirth.
Nein, die nahm er mit.

Anna.
Es hieß ja aber —

Wirth.
Was? Willst Du mich meistern?
Du Kind! — Ich war schon ein beweibter Mann
Eh Du noch auf der Welt warst.

Sebastian.
Ja, das glaub' ich.

Michel.
Ihr seid der Mann danach.

Wirth.
Bedeutend.
(Zu Anna.)
Geh jetzt.
Das heißt, komm wieder — später, aber bald.

Anna.
Ja, ja. (Ab.)

Michel.
Sebastian, find'st Du den Meister heute
Nicht dreimal mehr verwirrt als sonst?

Sebastian.
Viermal.

Wirth.
Verwirrt? Wieso? Es kann wol sein,
Wenn man so hohe Gäste muß erwarten.

Michel.
Wie, heut?

Sebastian.
Ist Herzog Friedrich auferstanden?

Wirth.
Ach nein, das thut er nicht.

Michel.
Das thut er nicht.

Wirth.
Heut kommt mit seinen Recken Herr Paumkircher.
Der Held von Neustadt.

Sebastian.
Ei.

Michel.
Paumkircher sagt Ihr?

Wirth.
Er traut der Stadt nicht, schickte den Thornecker,
Den Knecht voraus, die Herberg hier zu nehmen.

Michel.
Er traut nicht?

Sebastian.
Steht es so?

Wirth.
Er glaubt das nur,
Ich aber weiß es besser.

Michel.
Ihr wißt's besser.

Wirth.
Sie reiten von dem Stadthaus ihm entgegen,
Ich sah die Pferde in der Judengasse
Im Kirchengässel hat der Andrä Vest
Heut eine Fahn' am Haus ihm zum Empfang.
Der Kaiser, hört ich, sandte einen Herold,
Und heut noch kommt er an; auch hörte ich,

Daß man den alten Schreibhof festlich
  schmückt.
Gelag und Tanz wird ihm zu Ehren
  sein.

Michel.
So, also steht er gut.

Wirth.
   Na, freilich gut,
Sonst hätt' ich meine Herberg ihm ver=
  weigert.

Sebastian.
Ich denk', Ihr schätzt ihn hoch?

Wirth.
   Sehr hoch, und wie!
Doch nur so lang der Rath dies thut.
  Versteht mich,
Man ist doch nicht ein Patriot nur so.

Sebastian.
Gewiß.

Michel.
Ich denk bei jeder Staatsbewegung,
So oder so ist's.

Wirth.
   So? Ja so, natürlich.

Sebastian.
Und gar in unsrer Zeit.

Wirth.
   Man denkt doch nicht
In Staatsgeschäften wie das liebe Vieh.

Sebastian.
Denkt das?

Wirth.
Ganz so wie andre Menschen, Herr
  Sebastian. Treib ich ein Rind zum
  Schlachten,
So riecht's das Blut und will nicht
  durch das Thor.

Michel.
So, meint Ihr, will Paumkircher nicht
  durch's Thor?

Wirth.
Ich weiß es besser —

Anna (auftretend).
   Vater, Vater!

Wirth.
   Blitz,
Was gibt es denn?

Anna.
   Sie kommen schon.

Wirth (springt auf).
   Herr Gott!
Sie sind schon da!
(Viele Stimmen von außen. Die Thüren öffnen
sich, ein Haufen Bürger und Mädchen tritt auf.)

Wirth.
So lauf doch, Anna, lauf doch.

Anna.
Wohin?

Wirth.
Ich weiß nicht — in den Stall.

Anna.
   Was?

Wirth
   Nein,
Die Pferde sollen für die Knechte sorgen
Bring sie hieher und — fall nicht.
  Ich bin todt,
Das bringt mich um.

Stimmen (von außen).
   Vivat! Paumkircher hoch!
(Paumkircher tritt auf mit Greif=
  senegg, Pössing und Gefolge
   Volk.)

Paumkircher.
Ihr lieben Freunde, Dank. Solch ein
  Empfang,
Ein herzlich Wort fällt Balsamtropfen
  gleich
Auf meiner Seele wunde Flügel nieder.
Und neugestärkt erhebt sie das Gefieder
Und flugbereit fühlt sie die alte Kraft

Wirth.
Vieledler Herr. Geflügel und Gefieder
Aus meinem Hof sind schon bereit. Die Ehre —
Die hohe Gnade und mein niedres Dach —
Das überhaupt — so wie — im Namen aller
Sprech ich die tiefste Ehrfurcht aus.

Michel.
Ja Herr
Bleibt jetzt bei uns, verlaßt das Land nicht mehr.
Wir sind auf unsre Helden eifersüchtig.

Wirth.
Ja, ich besonders.

Paumkircher.
Nochmals allen Dank
(reicht ihnen die Hände).
Auch Dir, mein Wirth, denn Blick und Mienen sagen
Oft mehr als das beweglich glatte Wort.
Ich hoffe auch, daß ich von jetzt an lange
Bei euch verweilen kann, vielleicht für immer.
(Leise zu Greissenegg.)
Andreas, Freund! Wer weiß, was noch geschieht,
Du hast den Boten schon voraus gesendet,
Du wirbst für mich um Deiner Schwester Hand?
Du glaubst Dein Vater will mir wol?

Greissenegg.
Gewiß.

Paumkircher.
O dann geht alles gut. Erst schlichte ich
Nach diesen einen lang geführten Streit,
Rechtfertge mich, befriedige die Freunde,
Bestrafe Leibnitz, und stell mich dem Kaiser
Gereinigt dar, und dann —

Pössing.
St. Florian
Vergißt Du noch von wo ich meine Leute
Wegführen soll. Es sind noch unsrer viele,
Der Stubenberg —

Greissenegg
(ihn unterbrechend).
Ich bitt Euch, laßt das jetzt.

Paumkircher.
Es wird sich alles fügen, glaube mir.
Man quält sich lang, und müht sich ängstlich ab;
Das Ende aber kommt bei jedem Ding.
Mit ehern festen Schritten geht das Schicksal
Und alles ebnet sich vor seinem Fuß.

Pössing.
Viel schöne Worte, wenig Geld und Leute,
Sonst sprachst Du minder gut, und 's war doch besser.

Paumkircher.
Was soll das Pössing?

Pössing (für sich).
Stubenberg hat Recht.

Greissenegg
(unterbrechend).
Die Rüstung drückt, der lange Ritt macht müde,
Wir wollen heute noch nach Greissenegg.

Paumkircher.
Gewiß.

Pössing (für sich).
Glück zu.

Anna
Die Zimmer sind bereit.
Mein hoher Herr; soll ich —

Paumkircher.
Wie, Anna, Du?

Wirth.
Ihr kennt das Mädel?
Michel.
Die kennt jeder.
Wirth.
Still.
Paumkircher.
Ich kenn hier jedes Haus und jeden Baum;
Sollt ich so holdes Angesicht vergessen?
Wie geht's denn Deinem Liebsten?
Wirth.
Liebsten?
Anna.
Herr,
Wie mögt Ihr nur so fragen.

Paumkircher.
Schäm Dich nicht
Ein wackrer Bursch gilt viel.
(Zu Greiffenegg.)
Es ist der Paul,
Der uns ein treuer Bote oft gewesen.
(Zu Anna.)
Führt er Dich heim, so kommt zu mir, ihr Guten
Ich mach euch reich und lohn euch wie ich kann.
Nimm diese Kette jetzt, sie ihm zu schenken,
Und fröhlich mögt ihr meiner dann gedenken, —
Kommt mit, Ihr Herren.
(Paumkircher, Greiffenegg, Pösling und Gefolge ab nach rechts.)

Die Bürger.
Hoch Paumkircher! Hoch!
Wirth.
Das ist ein Herr! Ihr trefft den gleichen nicht,
Durchzieht Ihr alle Winkel Steiermarks.
So ritterlich, freigebig, guten Herzens,
So — so.

Michel.
Ja so —
Sebastian.
Das sag' ich auch.
Wirth.
Gewiß.
Er lebe! Setzt Euch, trinkt.
Ein Bürger.
Ich steh zu ihm.
Die Bürger.
Wir alle, alle!
Wirth.
Was auch kommen mag.
Den großen Krug her — Anna, gaffst Du wieder?
Und da wir jetzt so fröhlich hier vereint,
Ihr Leute —
Anna (erschreckt).
Was ist das?
Wirth.
Was soll's?
Anna.
Ein Zeichen
Ein unheimlicher Ton von fern.
Wirth.
Das täuscht Dich.
(Langgezogener Hornton hinter der Bühne näher kommend.)
Michel.
Nein es kommt näher.
Sebastian.
Stimmen.
Anna.
Hu mir graut.
(Zeichen ganz nahe; vieler Stimmen Gemurmel.)
Wirth (ängstlich).
Was kann das sein?
Einer (laut).
Das Horn der Vehme.
(Alle springen auf.)

Anna.
Jesus Maria!

Wirth.
Ach Gott steh mir bei!
(Drei Schläge an die Thür im Hintergrund.)

Stimme.
Thut auf.
(Der Bannrichter tritt auf mit drei Begleitern.)

Die Bürger
(ängstlich murmelnd).
Sie sind's.

Bannrichter
(mit einem Pergament).
Ihr Leute, hört Bannrichters Wort,
Andrä Paumkircher, Greissenegg und Pössing
Seit heute früh in diesem Hause, ziehen
Zur Zeit der Vesperglocke auf das Stadthaus
In Graz, wo sie ob schwerer Schuld verklagt
Sich vor dem Banngericht vertheidgen werden.
Doch ob gereint, ob nicht — bis Mitternacht
Nur währt ihr frei Geleit. Nach Mitternacht
Noch innerhalb der Mauern unsrer Stadt
Verfallen sie unrettbar unsren Händen.
Hier an die Pforte hefte ich dies Blatt,
D'rauf des Gerichtes heil'ge Zeichen stehen.
Beim Ein= und Ausgang möge er sie sehen.
(Ab mit seinen Begleitern. Aengstliche Pause. Man hört draußen undeutlich den Ausruf wiederholen.)

Sebastian.
Schau hin. Was ist?

Michel.
Schau Du?

Anna.
Wie ist das möglich.

Ein Bürger.
Hier ist's unheimlich.

Andrer
(hat das Blatt gesehen).
Die drei rothen Kreuze!

Die Bürger
(durch einander rufend).
Hu — fort von hier — doch nicht durch diese Thüre —
Hier durch den Garten fort —
(drängen nach der Thüre links).

Wirth.
So bleibt doch jetzt. Laßt mich nicht so allein?
(Paumkircher, Greissenegg und Pössing treten aus der Thüre rechts.)

Paumkircher.
Was geht hier vor?
Ihr weicht zurück und starrt erschreckt mich an?
Bin ich nicht mehr Paumkircher, nicht derselbe,
Der eben noch, von Jubelruf begleitet,
Aus eurer Mitte ging? Was ist geschehn?

Greissenegg.
Sie drücken scheu sich an die Wand, sie zittern
Und einer nach dem andern sucht die Thüre.

Paumkircher.
Nun — wart' ich?
(zu Michel.)
Du warst es, der eben noch
Mich bat im Land zu bleiben.

Michel.
Laßt mich Herr,
Ich irrte mich.

3

Greiffenegg.
Der Bursch spricht jetzt noch irre.
Du, wackrer Wirth, erklär' uns dies
    Gebaren.
        (Schlägt ihm auf die Schulter.)
             Wirth.
Herr Gott! Die Schulter — wenn das
    einer sähe.
(Baumkircher tritt den anwesenden Bürgern ent-
    gegen, sie eilen scheu zur Thür hinaus.)
            Sebastian
            (im Abgehen).
Gevatter kommt.
             Michel.
    's ist gut, man geht bei Zeiten.
                (Beide ab.)
           Greiffenegg.
Fürwahr, das ist doch seltsam.
              Wirth.
                 Schaut zur Thüre,
Da findet Ihr's.
           Greiffenegg.
           Laßt mich, ich kenn' die Zeichen,
                (liest.)
              Wirth.
Hier drohn die Ritter, dort die Herrn
    von Graz,
Ein armer Wirth, der in der Mitte
    steht
So zwischen Angst und Angst, soll
    der —
           Greiffenegg.
                 Ihr Herrn,
Wir sind in Acht und Bann.

    Paumkircher und Pössing.
            In Acht und Bann?
              Wirth.
Jetzt merken sie's.
          Paumkircher.
         Es kann nicht sein.

           Greiffenegg
                        Es ist
Zum mindesten für Graz. Die Stadt
    gewährt
Ein frei Geleite nur bis Mitternacht.
             Pössing.
Beginnt das so, dann fort von hier.
          Paumkircher
       (geht heftig auf und ab.)
                   Ich bleibe.
              Wirth.
Er bleibt — ich nicht.   (ab.)
              Anna.
    Vieledler Herr, verzeiht;
Der Schreck verwirrt, der Wechsel war
    zu plötzlich,
Doch wenn in so bedrängter Zeit mein
    Paul
Und ich Euch irgend dienen können, sagt es
Uns wird die Dankbarkeit stets an Euch
    binden,
Uns sollt Ihr stets in alter Treue
    finden.
          Paumkircher.
So glänzt ein Tröpflein Treu am Rand
    des Bechers
D'rinn Falschheit gährt und giftiger
    Verrath.
Thu's nicht, o Kind, und fliehe meine
    Nähe,
An meine Fersen heftet sich das Unheil,
Und Falschheit wandelt grinsend vor
    mir her.
          (Anna geht traurig ab.)
Sie kamen von der Stadt uns heut
    entgegen
Ihr wißt es ja, und luden uns zum
    Fest.
Ich glaube wol, daß sie uns fangen
    wollen,
Doch wir sind auf der Hut, nicht wahr?
             Pössing.
                      Ich bin's.

Paumkircher.
Wenn sich die Gräber öffnen, wenn das Grauen
Aus tiefem Schlaf erwacht und Nachtgespenster
Mit blut'gen Armen nach uns greifen wollen,
Dann — hahaha! Dann sind wir schon entwischt,
Und vor dem Thor in Freundeshand geborgen.
Der Stubenberg bleibt an der Mur mit Schiffen,
Und seine Leute —

Pössing.
Ha! Der Stubenberg?
Du wartest noch auf ihn? Er kommt nicht mehr.

Greissenegg.
Es ist so.

Paumkircher.
Nein.

Pössing.
Es ist. Bei St. Marein
Ging er über die Mürz.

Paumkircher.
Auch er, auch er?
Ist's denn schon Herbst im Frühling? Ach so rasch
Fällt nicht das Laub vom Baum, so schnell verglimmt
Der letzte Schimmer nicht auf dieser Erde
Nach Sonnenuntergang, wie meine Freunde
Im Unglück mich verlassen. Das, ich seh's,
Das geht so fort, bis mich die letzten fliehen,
Und nur das Unglück selber bleibt mir treu.
Für Recht und Wahrheit habe ich gekämpft
Von Jugend auf, und weiter will ich kämpfen
Für Recht und Wahrheit bis ich untergehe.
Ich weiche nicht. Gedient hab ich dem Kaiser
Von Jugend auf als meinen Herrn ihn achtend,
Ich machte meinen Leib zu seinem Schilde
Zu vielen Malen, und so will ich's halten
Bis mich der Tod erreicht. Ich weiche nicht.
Wol seh ich, daß die Zeit mit rauhen Händen
Wegwischt den goldnen Schimmer meiner Träume,
Wol seh ich, daß der Grund zu meinen Füßen,
Die Treu, auf die ich felsenfest gebaut,
Daß sie entweicht, daß wo ich Muth gesät
Verrath und Falschheit sprießt und feiger Undank,
Wol seh ich jetzt, daß selbst in dieser Stadt,
Die mir so lieb und werth wie keine andre,
Nur Unheil droht und tückisches Verderben,
Daß diese Bürger, deren Weib und Kind
Ich oft beschützt und ihren Schlaf behütet,
Daß sie mich lassen, wenn mein Glück zerbricht,
O Gott das schmerzt; ich aber weiche nicht.

Pössing.
So bleib, und mögest Du es nicht bereuen,
Du hast den Rath der Andern nie beachtet,
Du suchst Dir neue Freunde statt der alten,

3*

Du fandest mich zu Puchheim; hör sein
Wort:
„Ei ja" rief er, den rothen Bart sich
streichend,
So ward er endlich klug der Held von
Neustadt,
Denkt er an's Beute machen, an Ge-
winn?
Dann bin ich sein, ist er der unsern
einer.
Ich aber sag, ich bin der Eure nicht,
Zieht Ihr mit ihm, ich kenne meine
Pflicht.
    Paumkircher.
Pössing, Du weißt, mir thut die Hülfe
Noth,
Der Kranke nimmt Arznei, schmeckt sie
auch bitter,
Er braucht sie ja nicht mehr, wenn sie
ihm half.
Die Leiter mußt Du an die Mauer
lehnen,
Sie zu erklimmen, doch bist Du erst
oort,
So stoßest Du das niedre Werkzeug fort.
    Pössing.
Bin ich Dir auch so gut?
    Paumkircher.
            Was soll das?
    Greiffenegg.
            Pössing!
    Pössing.
Nicht wahr, ich schmecke bitter, doch was
thut's?
Du brauchst mich nur so lang Du
krank bist.
    Paumkircher.
            Pössing
Mir aus den Augen! — Nein, geh
nicht, geh, nicht,
Verlaß mich, du nicht auch so wie die
andern,
Bedenk, was wir so lange Zeit uns waren,
Bedenk, wie wir uns einst — — nein,
nein, hinweg!
Dein Blick ist falsch, und falsch ist
deine Seele,
Fluch Dir, der seinen Freund im Un-
glück höhnt.
        (Pössing geht ab.)
    Greiffenegg.
Was that'st Du?
    Paumkircher.
        Du noch hier?
    Greiffenegg.
            Ich bleib bei Dir.
Was ich in Wien geschworen, wieder-
hol' ich:
Bis in den Tod mit Dir.
    Paumkircher
    (ihn umarmend).
            Bis in den Tod.
Mit einer goldnen Rüstung zog ich aus
Zu stolz auf der Genossen reiche Schaar.
Da schwindet mir der Schild durch bösen
Zauber,
Die Lanze dann, der Panzer und der
Helm,
Bei jedem Schritte ärmer zieh ich hin,
Und doch blieb mir ein köstlicher Gewinn:
Mir blieb das Schwert, das mich noch
nie verlassen,
Und fest am Griff will ich's auch jetzt
erfassen.
    Greiffenegg.
Dein ist's für alle Zeit   Jetzt komm
mit mir.
Mein Vater sammelt rasch auf seiner
Veste
Die Mannen, die dir folgen sollen.
    Paumkircher.
            Freund!
Soll ich die Deinen mitziehn in's Ver-
derben?
Mein Weg geht über Trümmer über
Leichen,

Wer mich berührt, trägt deß ein blutig
    Zeichen.
        Greiffenegg.
Glaubst Du, mein Vater weicht davor
    zurück?
Wem er die Hand der Tochter erst ver-
    sprach,
Dem wird er seine Schätze nicht ver-
    sagen.
        Paumkircher.
Hat je ein Mann an solchem Tag ge-
    freit?
Hat je ein Mann, wie ich, zur selben
    Zeit
Wo ihm der Boden unterm Fuße weicht
Des Lebens höchstes Glück erreicht?
In meinem Unheil senkt mein Heil sich
    nieder,
Und wieder fühl ich eins und immer
    wieder;
Der preise sich beglückt und reich,
Dem in der Noth von allen seinen
    Lieben
Ein einziger in Treue ist geblieben.
                (Beide ab.)

    Verwandlung.
   Zimmer auf Greiffenegg.
Prank tritt auf mit einem Diener.
        Diener.
Hier wartet, edler Herr, der Ritter wird
Sogleich erscheinen.
        Prank.
     Ei, Ihr habt ja Gäste
Auf Greiffenegg. Schon wieder tönt
    der Hof
Von Rosses-Huf. Zog der Paumkircher
    wieder
Hier ein?
        Diener.
   Noch nicht, doch wir erwarten ihn
Noch heut.   (ab.)

        Prank (allein).
  Noch heut. Heut also, oder nie.
Zu lange schon verschloß ich in der
    Brust
Den tiefen, bittern Groll, der mich ver-
    zehrt;
Zu lange duld ich, daß der eine Mann
Mir alles raubt, was Menschen glücklich
    macht.
Sein höhnend Wort hat eine gift'ge
    Spitze
Und immer gegen mich ist sie gekehrt;
Was ich verehre tritt er frech mit
    Füßen,
Und was ich liebe — o Mechtild, Mech-
    tild! —
Wie einst in frommer Zeit die Heiligen
Die Sündigen bekehrten und erhoben,
So hättest Du das Herz mir wenden
    können,
Doch Du auch stößt mich fort um ihn,
    um ihn.
Und hab ich nicht die Macht ihn zu
    besiegen,
Ihn zu vernichten hab ich doch die
    Macht.
Die Meinen sind bereit, wenn auch mit
    Zagen,
Den Streich auf sein gefährlich Haupt
    zu wagen,
Sein Anhang nur schafft ihnen Sorg
    und Noth,
Doch soll ich und die Meinen fortbe-
    stehen,
So muß er sterben, muß er untergehen,
Und fällt das Haupt, sind auch die
    Glieder todt.
  (Der alte Greiffenegg tritt auf.)
        Greiffenegg.
Ich grüße Euch, wenn Ihr in Frieden
    naht.
        Prank.
Gewiß ich komm zu warnen.

Greissenegg.
Nehmet Platz,
(Sie setzen sich)
Nun sagt, wem gilt die Warnung?

Prank.
Greissenegg!
Wahr' deine Kinder vor Verderben. Siehe
Im Blüthenschmuck der Jugend prankt Dein Sohn
Und zieht für eine längstverlorne Sache
In Kampf. Sowie man Todte nicht erwecken,
Wie man den Augenblick, der uns entflieht,
Nie mehr zurückgewinnen kann: so wenig
Kann man entschwundne Herrlichkeit und Pracht,
Die alten Bräuch' und Sitten neu beleben,
Wenn ihre Zeit dahin. Sie ist dahin.
Kein Mensch, kein Gott wird sie Dir wiederbringen,
Wie keiner uns die Zuversicht entreißt,
Ob unsern Häuptern rauscht's wie Adlerschwingen
Und hoch im Sturme kommt ein neuer Geist.
Er läßt die Städte wachsen und gedeihn,
Er segnet unsre stromdurchkreuzten Auen,
Der Bürger hebt das Haupt und greift zur Wehr,
Ein neues Leben zieht durch unsre Gauen.
Weh dem, der solchem Drängen widerstrebt;
Das Leben hat die Macht, denn es belebt.
Du wirst die Ritterzeit nicht mehr erwecken,
Du wirst ein Stein nur ihre Gruft bedecken.

Greissenegg.
Du irrst, Du irrst, Du irrst! Die Zeit ist da,
Und sie wird sein noch in den fernsten Tagen
So lang es Männer gibt, die nicht verzagen.
Wir sind es selbst, wir machen unsre Zeit,
Wir folgen ihr durch Lust und Leid.
Dank ihr, die mir so oft den Sinn erhoben
Ich bin zu alt um neues zu erproben.
Und wäre auch, wie fälschlich Du gesprochen,
Wär meine Zeit verloren und gebrochen,
So würd' ich ihr das Grabgeleite geben,
Wie einem Freund, dem ich gefolgt durch's Leben.
Verlange nicht, daß meinen Sinn ich wende,
Wir bleiben was wir sind, und bis an's Ende.

Prank
(vor sich hin).
Die Kluft ist breit und unausfüllbar tief.

Greissenegg.
Der Adler horstet nur auf Bergeshöhen,
Verlanget nicht, daß er herniedersteigt;
Er muß empor, muß in die Sonne sehen
Vor der sich euer Aug' geblendet neigt.
Wohl meinem Sohn, ich preise seine Treue.
Das Alte ist erprobt, doch nicht das Neue.

Prank.
Wer neue Zeiten bringt, der ist ein Held.

Greissenegg.
Was groß ist, das ist alt.

Prank.
Was alt ist, das zerfällt. —
Wahr' Deinen Sohn, heut ist der letzte Tag.

Greiffenegg.
Er folgt der Ehre.

Prank.
Nein, der Eitelkeit.
Er folgt dem Manne der zum Abgrund zieht.
Und nicht nur ihn allein wirst Du verlieren,
Es kündet ein Gerücht, daß als dein Eidam
Paumkircher heute dieses Haus betritt.

Greiffenegg.
So ist es.

Prank.
Willst Du sie dem Tod vermählen?

Greiffenegg.
Naht er, wer hält den Allgewaltigen auf?

Prank.
O hör mein Wort zum letzten mal.

Greiffenegg.
Hör auf.
Du sprichst nur mir zum Leid, nicht Dir zum Frommen.
Laß mich auf meinem Weg, folg' Du dem Deinen.
Wir werden uns niemals vereinen.

Prank.
(vor sich hin)
So war es stets, so bleibt es immerdar.
Es fahre hin, was nicht zu retten war.
Lebt wohl.
(Steht auf.)

Greiffenegg.
Lebt wohl und scheidet ohne Groll.
Die Eiche steht am Berg, im Thal die Saaten treiben.
Wo man die Wurzeln schlug, da muß man bleiben.
(Beide ab nach rechts.)

Mechtild
(singt hinter der Scene.)
Er schlief wohl unter'm Lindenbaum,
Die blauen Blumen wachten;
Sie dufteten so süßen Traum
Und sah'n sich an und lachten.

Margarethe und Mechtild
(treten auf von links)

Mechtild.
Dort geht der Vater.

Margarethe.
Wen geleitet er?

Mechtild.
O weh! Das ist der Prank. Wo der sich zeigt
Kommt Böses oder zieht das Gute fort.

Margarethe.
Der alte Wahn.

Mechtild.
Nein Mutter. Heute nicht.
Vorüber ist die Zeit der blassen Träume,
Zum Leben, zum Bewußtsein wacht ich auf.
Der Kinderglaube schwindet in der Ferne
Wie vor dem Morgenroth die letzten Sterne.
(Singt.)
Der Schatten flieht, das Dunkel weicht,
Der Tag bricht an, die Sonne steigt,
Jetzt wird sich Alles finden.

Margarethe.
Seit wann bist Du so liederreich, Mechtild?

Mechtild.
Ich weiß es nicht. Der blaue Himmel macht's,
Der milde Tag, der junge Frühling selbst,
Der mächtig sich in jedem Wesen regt.
Wie dort die Lerche schmetternd steigt empor,
So drängt's auch mich ohn' Sinnen und Erwägen,
Und der Gedanken jeder wird zum Lied.

Margarethe.
Sonst warst Du stiller.

Mechtild.
Ich bin anders worden.
Wie's kam, das faß' ich nicht. Ich frag die Blumen,
Wenn ich durch's Gärtlein schreite und die Bäume,
Doch kann ich ihre Antwort nicht versteh'n.
Ich hab's verlernt, ihr Rauschen mir zu deuten,
Und nur die Luft bringt Grüße mir von weitem
Und legt sich schmeichelnd mir um Stirn und Wangen
Und spricht —

Margarethe.
Und spricht? Was gilt's? Ich weiß es auch.
Und wärst Du nicht mein fromm bescheiden Kind,
Das niemals horcht und forscht, so könnt' ich glauben,
Du hättest was gehört von einem Boten,
Der jüngst von Deinem Bruder hergesendet;
Von Plänen, die wir über Deine Zukunft
Gemacht. —

Mechtild
(sie umarmend).
Ach Mutter!

Margarethe.
Siehst Du? Hab ich Dich, Du thöricht Kind?

Mechtild.
O nenn mich glücklich, Mutter.

Margarethe.
Mögst Du es immer sein. — Ich warnte Dich,
Nur fern von der Welt und ihrem lauten Treiben
Kann man in sich'rer Ruhe glücklich bleiben,
Doch muß man auch den stillen Sinn bewahren,
Wenn's einen treibt, die bunte Welt zu sehn,
Zu trotzen ihren Stürmen und Gefahren,
Der ziehe hin, den muß man lassen geh'n,
Und was ihn treffen mag in ernsten Tagen
Er hat es selbst gewollt, er muß es tragen.

Mechtild.
Was kommen mag, ich stell es Gott anheim.
Ruht in der stillen Erde noch der Keim,
Da trifft ihn wohl kein Leid, da kennt er kein Verlangen;
Doch kommt der Lenz und ist er aufgegangen,
Hat er die Welt, die Sonne erst gesehn:
Dann will er wachsen, wachsen und gedeihn,
Es drängt mit Lust ins Leben ihn hinein,
Und müßt' er auch im Sturme untergehn.

Margarethe.
Das heft'ge Wort — es glühen Deine Wangen
Verwandelt scheinst Du mir.

Mechtild.
Ich bin so froh
(singt.)
Es quoll ein Regen über Nacht
Da wurden alle Bäume grün,
Die Knospen und —
Horch Mutter horch, sie kommen schon von ferne.

Margarethe.
Du irrst.

Mechtild.
Nein, nein! Ich höre wie sie nah'n.

Ein Horn ruft frohe Gäste in die Luft,
Die trägt den Ton vor Freude zitternd
  näher —
      Margarethe.
Ich höre nichts.
      Mechtild.
        Ich täusche mich nicht.
Sie reiten daher auf schnaubenden Pferden,
Sie kommen, sie nahen wie brausender
  Sturm,
Die Waldung weicht und die Ebene
  schwindet,
Froh grüßet der Wart vom heimischen
  Thurm.
    (Hornfanfaren.)
Hörst Du den Ruf? Näher und näher,
Lauter erklingt die tönende Luft.
Jubeln möchte ich, möchte singen!
Freude, Freude sprengt mir die Brust.
    (Die Mutter umarmend.)
Hörst Du Mutter, hörst Du sie nicht?
Klirrend fällt die Brücke nieder,
Es rasselt das Thor, es dröhnt der Hof,
Es kommt die Stiege heraufgeschritten,
Sie sind's! Sie sind's!

Die Thüre fliegt auf.   Paumkircher,
der alte Greissenegg und Andreas
  treten auf. — Bewillkommnung.
      Andreas.
Willkommen.
      Margarethe.
        Seid gegrüßt.
      Mechtild.
O seid gegrüßt von —
    (stockt.)
      Paumkircher.
    O Mechtild — von Herzen?
War's so gemeint? Darf ich Euch
  wieder nahen
Wie sonst?
    (Zu Margarethen.)
Vieledle Frau, gewährt mir Obdach
Für jetzt und allezeit. In diesem Hause

Wohnt süßer Frieden, den die Welt
  entbehrt.
Ein guter Engel, glaube ich, der lange
Nach einem Ort gesucht, der Gott gefällt,
Umschwebt es jetzt mit seinen weißen
  Schwingen
Und wendet Unheil ab.
    (Zu Andreas leise und rasch).
        Bitt Dich Andreas,
Daß sie nur nichts erfährt.
      Andreas.
        Gewiß nicht.
      Paumkircher.
    (zu Greissenegg.)
        Herr,
Wißt Ihr?
      Greissenegg.
Ich weiß und bin bereit zu helfen.
      Paumkircher.
Schon morgen kommen viele Herrn aus
  Steier.
Und dann aus Krain —
      Andreas.
Die Frauen sehen her.
    (Paumkircher tritt zu ihnen.)
      Margarethe.
Ihr wißt es wohl, daß Ihr uns lieb
  und werth,
Und schon in der Erwartung, daß Ihr
  kamt,
Klang diese Halle heut von frohen
  Liedern
Und —
      Mechtild.
Mutter!
      Paumkircher.
O Mechtild, laßt mir den Wahn,
Daß ich nicht unerwünscht hierher ge=
  kommen.
Hier wurzeln meine Freuden. Burg
  und Garten

Seh'n mich so heimisch an mit lieben
 Augen,
Der ich verwaist die Fremde sonst
 durchziehe.
Mechtild.
So bleibt.
Paumkircher.
Wie gern. Habt Dank für dieses Wort.
Nur heute Abend muß ich noch nach
 Graz —
Mechtild.
Ich weiß.
Paumkircher.
Wie Ihr erfuhrt?
Mechtild.
Es kam ein Mädchen,
Die Tochter eines Wirths heut früh
 aus Graz. —
Paumkircher
(für sich).
Heut früh, dann ist es gut.
Mechtild.
Und die erzählte,
Daß diese Nacht ein großes Fest im
 Stadthaus
Euch zum Empfang. — Wie blickt Ihr
 nun so finster?
Paumkircher
(für sich).
Mir zum Empfang. Am liebsten würde
 mich
Der Henker mit dem Beile dort empfangen.
(Zu Andreas tretend rasch mit unterdrückter Stimme.)
Vom Schloßberg bis zum Murthor ist's
 nicht weit.
Draußen harrt auf mein ausdrücklich
 Gebot
Der Knapp Thornecker nahe bei der
 Mauer
Versteckt mit Pferden. Schlüg es übel
 aus —

Sie sollen uns nicht greifen. Rasch
 hinab
Am Flusse bis nach Karlau, dort sind
 Schiffe
Die ganze Nacht am Ufer festgekettet
Bemannt mit meinen Leuten. So be-
 fahl ich's
Zur Sicherung und für den Fall der Noth.
Greiffenegg.
Ich hoffe, daß es nicht soweit wird
 kommen.
Andreas.
Ich fürchte es beinah.
Paumkircher.
Wer kennt das Ende?
Doch glaub ich's nicht. Nur manchmal
 weht ein Schauer
Wie nie zuvor mich an.
Mechtild
(indessen).
Was haben sie?
Margarethe.
Laß Dich's nicht kümmern, Kind. Des
 Mannes Leben
Verstehen wir nur halb. Wir fassen
 nicht
Das Glück, das er erstrebt in Ruhm
 und Glanz,
Nur, trifft ihn Unglück, dann versteh'n
 wir's ganz.
Paumkircher
(indessen).
Die Montfort-Pfannberg kommen mor-
 gen früh
Auch die von Teufenbach.
Mechtild.
Dies ängstet mich.
Paumkircher.
Die Dokumente, Ford'rungen, Beweise,
Ließ ich auf's Stadthaus bringen, doch
 mir fehlt

Ein Pergament, drinn mir für jenen Sieg
Am Paulusthor, wird Hülfe zugesagt
Für jede Stadt der Mark die mir gehört
Bis zu den Windisch-Bühlen
(Sieht sich um)
Sie seh'n her.

Greissenegg.
Und dieses Blatt?

Andreas.
Dies Blatt?

Paumkircher.
Es fehlt. — Mechtild!
Ihr blickt so ernste; hab ich Euch gekränkt?

Mechtild.
Es ängstet mich, daß Ihr zusammen flüstert,
Und daß Ihr Euch erschreckt hinweggewendet,
Als ich von heute Abend sprach.

Paumkircher.
Heut Abend —
Mich freut kein Fest, das Ihr nicht theilt.

Mechtild.
Das wär es?
O dann ist's gut, denn wißt, wir kommen auch.

Paumkircher.
Wär's möglich?

Mechtild.
Ja die Mutter hat's versprochen.

Margarethe.
Den Bürger freut's, den Adel ehrt's.

Paumkircher.
Ihr kommt.

Mechtild.
Wie freu ich mich der Pracht. Flötirer kommen
Und Tromboniften wie beim Rosen-Maifest.
Ihr liebt doch auch Musik?

Paumkircher.
Die holdeste
Tönt mir aus Eurem Mund.

Mechtild.
Und ich darf mit!
Bereit liegt schon mir Gürtelschmuck und Schleppe,
Die Blumenkrone auch.

Paumkircher.
Der Blumen Krone
Trägt sie mit Recht.

Mechtild.
Es wird ein lustiger Reigen
Gespielt. Ihr tanzt doch Ritter?

Paumkircher
(verloren).
Tanzen — heut —
O wär dies Fest, wär dieser Tag vorüber.

Mechtild.
Euch fröstelt wol? Ihr sprecht so fremd.

Paumkircher.
Mechtild —
Willst Du mir folgen überall und immer,
Wohin das Schicksal auch mich führen mag?

Margarethe.
Sprich Kind.

Mechtild
(erröthend leise).
Ich will.

Paumkircher.
Und weiter frag ich Dich: Willst Du
Mir treu gehorsam sein zu jeder Zeit,
Und mit mir theilen Lust und Leid?

Mechtild.
            Ich will.
Paumkircher.
O dann legt gütig uns auf's Haupt die Hände,
Und segnet unsern Bund.
            Greiffenegg
            (segnend).
        Seid glücklich Kinder.
            Andreas.
O möge dieser Tag auch glücklich enden!
Paumkircher.
Der eine — Tag dann muß sich alles wenden.
        (Umarmung.)

Vierter Aufzug.

Großer alterthümlicher Saal im Stadthause zu Graz.

Dobersberg, Prank, Gerhard und viele Rathsherren sitzen um einen mit Pergamenten überdeckten Tisch.
Paumkircher und Andreas Greiffenegg.
            Dobersberg.
Ihr Herren, Beweise häuft Ihr auf Beweise,
Vertheidigt glänzend Euch durch Wort und Schrift,
So mancher alte Streit wird heut beglichen,
Und dieser Tag der Wiederherstellung
Wird hoffentlich den alten Haß gen uns
Vermindern, da er Euern Ruhm vermehrt.
            Paumkircher.
's ist auch mein Ruhm, wenn ich den Feind erschlage;
War der Erschlagne minder drum mein Feind?

Prank
(leise zu Dobersberg).
Der alte Trotz und wär's die letzte Stunde.
            Andreas
            (leise zu Paumkircher).
Sprich milder.
            Paumkircher.
Nie. Steh jenen ich genüber,
Bäumt mächtig sich der Ritterstolz empor.
Auch sah ich einen, der mir tief verhaßt.
Ich wollt, er spräche.
            Gerhard.
            Drei entboten wir,
Es kamen zwei, warum fehlt Hans von Pössing?
            Paumkircher.
Er hat wohl grad nicht Zeit. Ihr Herrn von Graz,
Glaubt Ihr, ich käme, weil Ihr rieft?
            Andreas
            (leise zu Paumkircher).
            Andreas!
            Paumkircher.
Ich stehe hier, weil es mein Herr und Kaiser
Geboten hat, nicht um mit schönen Worten
Ihr Herrn von Graz, Euch schmeichelnd anzugehen.
Ich stehe hier zum letzten Mal, mein Recht,
Das mir so lang verweigert ward, zu fordern.
Als wir auf Greiffenegg versammelt waren
Zum Zug nach Wien gen Herzog Albrecht, kamt Ihr,
Gelobtet Hülfe, spracht von einer Steuer,
Durch welche Eure Schuld Ihr tilgen würdet,
Gen jeden unter uns. War's so?

Rathsherren.
            Ja, so war es.
Paumkircher.
Und ächzt nicht hier der Tisch, um den
    Ihr sitzet,
Gedrückt von all den unerfüllten Worten?
Dieß Pergament verspricht dem Die=
    trichstein
Rückständ'gen Sold für die dreihundert
    Landsknecht,
Mit denen er Euch Fürstenfeld entsetzte,
Als die Magyaren es berannt, dieß
    Blatt
Verbürgt zweihundert Mark an Liech=
    tenstein,
Als er von Hynkos und von Ankenreiters
Mordsücht'ger Räuberschaar Euch jüngst
    befreite;
Dieß hier spricht von Entschädigung
    und Dank
Für die beritt'nen Knechte, die von
    Schlannig
Ich vor zwei Jahren Euch gestellt;
    dieß hier
Sagt Pössing Hülfe zu gen Florian;
Dieß zeugt die Schuld an Stuchs von
    Trautmannsdorf;
Dieß die an Grafenecker für Stadt Steyr;
An Greiffenegg dieß hier; dieß an mich
    selbst,
Als wir den Umerspach auf's Haupt
    geschlagen.
Nun sagt, kennt Ihr die Schriften,
    Herrn von Graz?

    Die Rathsherren.
Wir anerkennen sie.
            Gerhard.
            Wo sind die Ritter?
    Paumkircher.
Ei da und dort. Sie scheu'n die böse Luft
In Euren engen Gassen. Und was thut's?
Sie übertrugen Forb'rungen und Rechte
An mich. Hier steht's.

    Die Rathsherren.
            Wir wissen es.
    Paumkircher.
            Und doch
Ward ich mit leerer Ausflucht hinge=
    halten.
Ich aber forb're statt der nichtigen
    Worte
Thatkräftige Hülfe. Jetzt, wo ich den Titel
Den Ungarn mir als Friedenslohn ver=
    liehen,
Zurückgesendet; wo der Palatinus
Sich fremd erklärt dem Aufstand, der
    Euch schreckt;
Wo ich zum Zuge rüste gegen Leibnitz:
Jetzt wißt Ihr doch, wie ich mit Ungarn
    stehe,
Und jetzt entsinnt Ihr Euch noch einer
    Schrift,
Drinn Ihr mir Hülfe zugesagt an Geld
    und Leuten
Für jede Stadt der Mark, die mir gehört,
Von Graz bis zu den windischen Ge=
    birgen.
(Ein Diener tritt auf und spricht leise mit Prank.)
    Gerhard.
Wo ist dieß Blatt?

    Paumkircher.
        Dieß eine fehlt noch.
    Andreas.
            Nein.
Ich habe mich erinnert. Im Stift Rain
Wird es bewahrt; auch bat ich hin=
    zusenden.
    Prank.
Soeben brachte mir ein Bote Antwort.
Seit jenem Brande sind die Pergamente
Des Stiftsarchives im Admonterhof.
Doch senden wir sogleich dahin.

    Paumkircher.
            Erlaubt,
Dießmal geb ich den Auftrag lieber selbst.

Dobersberg.
Wie's Euch beliebt.
(Paumkircher geht ab.)
Andreas.
Nun da Paumkircher fort,
Gestattet mir, für ihn das Wort zu nehmen,
Der zu bescheiden hier, wenn nicht zu stolz,
Den eig'nen Ruhm verschweigt.
Die Rathsherren.
Wir hören Euch.
Andreas.
Was ist das für 'ne Zeit, wo solch' ein Mann
Wie er, der ewig treu, verdächtigt wird?
So wie man Licht nennt, was die Sonne anblickt,
Und lichter noch sie selbst; wie große Thaten
Man nach den größten mißt: so kann man auch
Die Treue und den Muth nur richtig schätzen,
Vergleicht man sie mit ihm Und er verdächtigt?
So treu hängt er der Krone an, als wär' er
Ihr edelstes Juwel, von ihr untrennbar.
Zu Neustadt saß der Kaiser hart bedrängt,
Im Lande rings mit drohender Gewalt
Wuchs Aufruhr und Verrath; rathloser Schreck
Bewirrt der Bürger ängstlich Haupt; vergebens
Erbot der Markgraf sich von Brandenburg,
Der Herzog Baierns zur Vermittlung an,
Vergebens warnte selbst Aeneas Sylvius,
Des Kaisers weiser, stets gehörter Rath;
Trotz allen Worten kam's zu keiner That.
Achthundert Reiter lagen in der Stadt
Und gleichviel Fußvolk, zu geringe Macht,
Um dem vereinten Heere Eyzingers
Und Ullrich Cilly's widerstehen zu können.
Der Feinde fünfzehn müßte jeder tödten
Um gleich und gleich genüber sich zu stehen
Schon tönte Wehgeschrei von Ort zu Ort
Und schaurig oft erhellte sich die Nacht
Vom Brand der Städte und der Dörfer, glühend
Erzürnte drob der mitternächt'ge Himmel.
Und Tags verdunkelt sich die Sonne selbst,
Gleich vielen derzeit kindberaubten Wittwen
Hielt sie ihr lichtes Angesicht verschleiert.
Doch jene achteten nicht solcher Zeichen,
Sie drangen rasch und unaufhaltsam vor.
So mächtig war ihr Sturm am Tag zu Neustadt,
Daß die zurückgedrängte kleine Schaar
Das Thor nicht mehr verschließen konnte; damals
Wo's Alles galt, war Alles fast dahin.
Da tritt Paumkircher vor, der Riesenstarke,
Und wirbelnd über'm Haupt schwingt er das Schwert,
Das tödtlich in die Menge niederfährt.
Es sinken rechts und links getroffen nieder,
Und wieder hebt er es und immer wieder
Und wie ein Held aus alten Mährchenzeiten
Sieht man den einen Mann gen Alle streiten.
So steht ein Cherub schützend vor der Pforte,
Die Heiliges bewahrt.
Die Feinde sind entsetzt, sie steh'n, sie weichen,
Er aber tritt auf einen Berg von Leichen,
Geht unversehrt aus Kampf und Tod hervor,
Ruft donnernd zu den Seinen: Schließt das Thor.

Die Rathsherren
(unter einander murmelnd).

Fürwahr, — so war's — es ist ein seltner Sieg.
(Paumkircher kommt wieder.)

Andreas.
Schon jetzt erzählet man in Lied und Sagen,
Was sich zu Neustadt zugetragen,
Und ehrend wird's des Volkes Mund bewahren
Nach hunderten und aberhundert Jahren.

Dobersberg.
So ist's. An jenem Tage hat der Himmel
Ihn sichtbarlich beschützt.

Paumkircher
(voreilend).
Und ehrenvoll
Will all'zeit meinen Namen ich erhalten,
Wie immer sich die Zukunft mag gestalten,
Ihr sagt, mir sei des Himmels Schutz verlieh'n?
So trotz ich allen irdischen Gewalten,
Nur ihm vertrauend will ich fürber zieh'n.
(Die Rathsherren stehen auf.)

Gerhard.
Wie glänzt sein Aug'.

Dobersberg.
Begeistert klingt sein Wort.

Paumkircher.
Wer mag so hochbeschirmten widersteh'n?
Die Macht, mit der Ihr droht, wird verschwinden,
Wie Schnee im Lenz, wie Rauch in Winden.
Die Meinen aber werden in Gefahren
Wie ehemals sich um den Führer schaaren.
Schon nahen die von Landsberg und von Stein
Die Pfannberg's und die Taufenbacher kommen,
Und hab' ich die Stadt Leibnitz erst genommen,
So ist mein Schild von jedem Makel rein.
So leg ich ihn zu Friedrich's Füßen nieder.

In diesem Hause seht Ihr mich nie wieder!

Prank (für sich).
Ja ließe man Dich nur so rasch hinaus,
Wol käm'st Du nimmer in dieß Haus.
(Musik von draußen.)

Paumkircher.
Sagt an,
Was ist dieß für ein Klingen?

Prank.
Die Stadtpfeifer
Geleiten uns're Gäste.

Dobersberg.
Edle Herren,
Wir luden Euch zu einem Stadtgelage.

Andreas.
Ich wollt, der Diener, den Du fortgesendet,
Käm' mit dem Pergament.

Gerhard.
Noch ist's nicht möglich.
Doch seht, kaum senket sich der Abend nieder.

Paumkircher.
So wäre noch Zeit genug.
(Er stößt das Fenster auf.)

Dobersberg.
Geliebt es Euch,
Beim Male sie zu kürzen?

Paumkircher.
Dort hinüber
Liegt Deiner Eltern Schloß.

Andreas.
Was sinnest Du?

Paumkircher.
Wie schön die Sonne sinkt.

Prank (für sich).
Betracht es wohl.

(Die Pforten im Hintergrunde öffnen sich. Es treten auf:) Die Stadtpfeifer, dann ein langer Festzug, darin: Würdenträger, Ritter, Damen, unter ihnen Der alte Greissenegg, mit Margarethe und Mechtild, Stadtherren, Bürger, Frauen und Mädchen. — Die Anwesenden gehen den Kommenden entgegen, begrüßen sie. Die Bühne füllt sich ganz.)

Prank (für sich).
Mechtilde naht; doch zieh' ich mich zurück.
Es scheint mir gut, heut ihren Blick
zu meiden.
(Geht ab.)

Dobersberg.
Gegrüßt sei Greissenegg in Graz.

Greissenegg.
Gegrüßt
Auch Du, und mögen wir uns stets die Hände
In Frieden reichen, wo wir uns begegnen.

Dobersberg.
Nicht Deine Feinde sind die Dobersberge,
Doch kann ein einzelner noch Freundschaft halten
Thut's nicht sein ganzer Stamm?

Greissenegg.
Wie meinst Du dieß?

Gerhard (hinzutretend).
Jetzt nicht so ernste Wort. Laßt Krieg und Fehde.
Könnt ich mit einem Zauberstab Euch rühren,
Daß Ihr vergeßt, was Frohsinn stören kann.
(Gehen weiter.)

Margarethe
(mit Mechtild vorkommend).
So grüß Dich Gott, du edler Held, und Dich

Mein theurer Sohn, mög Euch das Glück
Begegnen allerwege.

Paumkircher.
Hohe Frau,
Ihr selbst erfüllt, was Ihr uns eben wünschtet.
Gestattet Ihr mir, Euch den Arm zu bieten?

Margarethe
(im Weitergehen).
Ihr seid schon lange hier.

Paumkircher.
Wol eine Stunde
Wir hatten viele Dinge zu besprechen.

Andreas.
Nun Schwesterchen, sag' an, wie fühlst Du Dich
In diesem bunten Treiben?

Mechtild.
O sehr wohl.
Nur möcht' ich nicht zu lang in dieser Menge bleiben.

Andreas.
Dann folgen wir der Mutter und Paumkircher.

Mechtild.
O ja. Und sag' mir noch — nicht wahr, das ist
Die Welt, von der Du mir so oft gesagt,
Ich müsse sie erst kennen, ehe ich
Vom Kloster spräche?

Andreas (lächelnd).
Ja, das ist die Welt.

Mechtild.
Dann sag' ich Dir, daß sie mir sehr gefällt.
(Gehen weiter. — Es kommen
Michel, Sebastian und Gerhard
in ihrer Mitte.)

Michel.
Und eigentlich, wenn man's so recht bedenkt,
Ist er ein hochverdienter Mann.

Sebastian.
　　　　　Das ist er.
Nur muß man immer es so recht bedenken.
Wir dachten zwar heut morgen.

Michel.
　　　　　Gnädiger Herr,
Versteht uns recht, wir dachten zwar heut früh.

Sebastian.
Jetzt aber längst nicht mehr.

Gerhard.
　　　　Ich will Euch glauben.

Michel.
Es war auch nur, weil heute in den Straßen
Bannrichter Ausruf that.

Gerhard.
　　　　Sprecht nicht davon.

Michel (leise zu Sebastian).
Verstehst?

Sebastian.
Und wie.

Michel.
　　　Ei Herr, wer thäte das?

Sebastian.
Ich nicht.

Michel.
Ich auch nicht, denn wir sehen ja,
Wie man die Herren hier empfängt.

Sebastian.
　　　　Dieß Fest,
Zu dem wir schlichte Bürger auch geladen —

Michel (verbeugt sich).
Das Glück.

Sebastian (ebenso).
Die Ehre.
(Sie gehen.)

Michel
Seht nur, dort kommt er.
Ein sehr verdienter Mann.

Sebastian.
　　　Ja, ja das ist er.
(Verlieren sich in der Menge.
Paumkircher kommt mit Mechtild am Arm.)

Mechtild.
Da also machtet Ihr das Fenster auf?

Paumkircher.
Ja, liebes Mädchen. Durch die bunten Scheiben
Schien mir die Sonne freundlich zuzuwinken,
Als sollte ich noch einmal schau'n hinüber
Nach jenem theuren vielgeliebten Ort.

Mechtild.
Noch einmal.

Prank
(erscheint abseits von den Anderen unbemerkt).
Bangt Dir Täubchen? Horch, er spricht.

Paumkircher.
Wer weiß, was sich im Leben wiederholt?
Man muß den frohen Augenblick erfassen,
Wenn hold das Glück uns anlacht, es nicht lassen.
O sieh mir nur in's Aug.

Mechtild.
　　　　Was soll das Ritter?
(Sieht ihn lächelnd an).

Paumkircher.
Ja, ja es lächelt mir.

Prank.
　　Wie lang, wie lang?

Mechtild.
Sprach hier nicht wer?

Paumkircher.
Laß nur die andern reden.
Was uns erfreut, paßt nicht für jeden.
Käm jetzt ein König, der die Welt beherrscht,
Ich tauschte nicht mit ihm.

Mechtild.
Was gelten Kronen, die von kaltem Golde.

Paumkircher.
Mein Mädchen; nur das warme Leben gilt.
Und seh ich Dir in's Antlitz jetzt, Du Holde,
In's Auge, das so gut und mild,
So geb ich Ehrgeiz, Prunk und Stolz den Winden,
Was mich erfreut, was mich bedrückt,
Es fliegt dahin auf nimmer Wiederfinden,
Bei Dir, bei Dir nur fühl' ich mich beglückt.

Mechtild.
Wie süß das klingt, doch wollt Ihr es beweisen,
So zieht nicht mehr in's Schlachtgetümmel fort.

Paumkircher.
Mein Kind, wen mächtige Geschicke treiben,
Der kann nicht still zu Hause bleiben.
Doch ist erst dieß und das gethan,
Seh' ich die Welt gern mit dem Rücken an.

Prant.
Bald, bald!

Paumkircher.
Denn sie ist herzlos, falsch und kalt;
Verachtend blick ich oft auf sie herunter;
Zum Bösen wendet sie die beste That,
Durch Kleinigkeiten geht oft Großes unter,
Den treu'sten Mann stürzt Undank und Verrath.

Prant.
Ahnst Du?

Paumkircher.
Doch weiß ich einen schönen Platz,
Dort berg ich meiner Liebe liebsten Schatz,
Und dann —

Mechtild.
Wie heißt der Ort?

Paumkircher.
Er heißt Waldegg.
Die sagenalte Feste ist mein Haus.
Sind wir vermählt, so führe ich Dich hin,
Und dann Mechtild und dann? —

Mechtild.
Andreas!
(Beide ab. — Trompeten, die Stadtrufer).

Sebastian.
Hör doch.

Michel.
Was gibt's?

Stadtrufer.
Vieledle Herrn und holde Frauen,
Seid in die andern Säle jetzt gebeten,
Drinn lustig die Musik zum Reigen ruft,
Und Mahl und Trunk, von unsrer lieben Stadt
Geboten, Eurer harrt.
(Bewegung.)

Sebastian.
Komm mit.

Michel.
Zum Tanz?

Sebastian.
Ach was! Zu Mahl und Trunk.

Michel.
Ja so — denn sonst —
(Alle ab bis auf Dobersberg und Prant, der jetzt hervortritt. — Es dunkelt.)

Dobersberg.
Wir sind allein. Bist Du entschlossen,
	Prank?
		Prank.
Ich bin's.
		Dobersberg.
	Du lieferst sie zum Block.
		Prank.
			Ich muß.
Weh Dir, wenn Mitleid Dich noch
	jetzt bewegt.
Denn solch ein Tag wie dieser kehrt
	nicht wieder,
Beschlossen ist es längst und längst be-
	sprochen,
Noch jüngst auf Greissenegg, als wir
	sie trafen
Vor ihrem Zug nach Wien; und jetzt
	noch zögern?
Tritt Dir im Kampf ein Todfeind ge-
	genüber,
Triffst Du ihn in den Arm und in
	das Bein?
Nein, nach dem Herzen zielst Du, soll
	es gelten,
Und er, er ist das Herz der ganzen
	Schaar.
		Dobersberg.
Die Wahrheit Deiner Worte fühl ich
	wohl,
Und will nicht hindernd in den Weg
	Dir treten,
Denn Du nur führst es aus, Dein ist
	die Kraft,
Doch höre: Endlos Wehe treffe Dich,
Wenn Du anstatt der allgemeinen Rache
Die eigne übst, denn wol ist uns bekannt,
Daß Du Paumkirchern Haß und Tod
	geschworen.
		Prank.
Ich hasse ihn und habe deß nicht hehl,
Doch haß' ich minder nicht die ganze
	Schaar,
Die uns zertritt, wenn wir sie nicht
	zertreten.
Das ist ein Kampf um's Dasein, den
	wir kämpfen.
Und wär Paumkircher auch mein bester
	Freund,
Und liebt ich ihn, wie man nur Brüder
	liebt —
So sicher, wie die Nacht mit schwarzen
	Armen
Allabendlich den Erdenball umfängt,
Wie Donner folgt dem Blitz und Tod
	dem Leben:
So sicher wär er heute ohn' Erbarmen
Durch meinen Richterspruch dem Tod
	verfallen,
Und wenn er dreimal d'rauf lebendig
	würde,
Ich brächt ihn dreimal um.
		Dobersberg.
	Nimm's auf Dein Haupt.
(Geht rasch ab. Es ist im Vordergrund ganz
dunkel geworden, nur aus den rückwärtigen Sälen
bringt ein ungewisser Lichtglanz. Zuweilen tönt
ferne Musik herüber.)
		Prank (allein).
Ich nehm es auf mein Haupt, ihr fein
	gen Seelen,
Er weilet hier, so sagen meine Späher,
Bis seine Frist zu Ende geht, und dann
Mit Greissenegg im schnellsten Rosselauf,
Eilt er durch Hof- und Sporgass' bis
	ans Murthor,
Da — wer ist hier?
		(Diener sind aufgetreten.)
		Erster Diener.
	Es ist die höchste Zeit
Der ganze Flügel ist noch unerleuchtet
Und hier, so nah am Festsaal.
		Zweiter.
		Rasch die Fackel
Und zündet alle Kerzen an.
		Dritter.
			Wie leicht

Kann einer von den Herrn herüber=
kommen.
Prank.
Nein, laßt das nur. Der Saal bleibt
unerleuchtet.
(Für sich, indem er durch die Thüre in die
Nebenzimmer sieht.)
Ich sehe sie von hier aus unbemerkt.
(zu den Dienern, die gehen wollen.)
Halt! Eins vorerst: Wenn von den
Edelleuten
Euch einer nach der Schloßuhr sehen
heißt,
Sagt eine Stunde früher als sie zeigt.
Und wenn ein Bote nach Paumkircher
fragt,
Den sendet ihr zu mir, ich muß ihn
sprechen,
Dann ihre Pferde, die im Hofe stehen,
Die lasset in die untern Ställe bringen,
Daß sie geschützt vor Frost und Regen
seien.
Diener.
Vor Frost und Regen, Herr? Die Nacht
ist rein
Und mild, als wäre es schon Sommer.
Prank (wild).
Narr!
Ich sag', es regnet; fühlst Du nicht
den Frost?
Du bebst ja. Geht. Thut was ich
euch befahl.
(Die Diener ab.)
Prank (allein).
Zufall ist blind, und Blinde muß man
leiten.
(sieht wieder hinein.)
Wenn du das Leben wärst, und ich
der Tod
Du ahntest minder nicht als jetzt, wie
nah
Die Hand hier mit der Sichel Deiner
wartet.
(Musik, Becherklingen und Jubelruf.)

Ha Jubelruf! Er trinkt den letzten
Becher.
Kling an, trink aus! Ich gönne Dir
dein Fest,
Jetzt springt er auf — Musik! In
seinen Armen
Schwingt er Mechtild im letzten Reigen=
tanz
Des Lebens Lust und Freude, fühl' sie
ganz.
Die duft'gen Kränze, die Du wolltest
pflücken,
In Zukunft aus des Lebens buntem
Garten:
Der Augenblick muß sie auf's Haupt
Dir drücken,
Denn keinen zweiten hast Du zu erwarten.
Ein schwarzer Mantel liegt für Dich
bereit,
Nimm Abschied denn für alle Ewigkeit.
Es löset sich der Tanz, sie kommen her,
Ihr Antlitz glüht, ihr Auge glänzt —
hinweg.
(Geht ab. — Aus den Sälen kommt Mechtilde
erhitzt. Paumkircher folgt ihr.)

Paumkircher.
Fliehst Du vor mir, wie einst in Greis=
senegg,
Da ich erwachte unterm Lindenbaum.

Mechtild.
Du hattest damals einen bösen Traum.

Paumkircher.
Der Traum.

Mechtild.
Dein Blick wird ernst, mahnt er dich
wieder?
Die Dunkelheit verstimmt. Wir wollen
fort.

Paumkircher.
Nein Mädchen bleib. Mir war als
schlichen dort
Gestalten, uns belauschend, auf und
nieder.

Mechtild.
Scheuch sie hinweg.

Paumkircher.
Ich will es.
(Geht rasch in den Hintergrund und spricht leise
mit einigen dort erschienenen Dienern.)
     Sagt, was ist
Die Zeit?

Diener.
Vom Schloßthurm schlug es eben neun.

Paumkircher.
Und kam mein Bursch nicht vom Ab=
monter Hof
Und frug nach mir?

Diener.
   Wir sahen keinen, Herr.

Paumkircher.
So suchet ihn, und, kommt er, bringt
ihn her.
(Die Diener ab. — Paumkircher wieder vor=
kommend.)

Paumkircher.
Nun sind sie fort. Du aber bleib
Mechtild.
Von fern herüber klingt des Festes
Rauschen.
Indeß wir hier in trauter Einsamkeit
Des Herzens stille Wort und Wünsche
tauschen
Und Pläne machen künftig goldner Zeit.

Mechtild.
Doch ziemt es sich, daß wir hier ein=
sam weilen?

Paumkircher.
Bist Du nicht meine Braut und bald
mein Weib?
Und fragt die Liebe nach den steifen
Formen
In die die Alltagsmenschen einge=zwängt?

Mechtild.
Das weiß ich nicht. Erklären mußt
Du mir's,
Denn nur aus Liedern kenn ich Liebe.

Paumkircher.
     Liebe
Wird nicht gelehrt, mein Kind, und nicht
gelernt.
Es giebt kein Lied, das also herrlich
klingt,
Kein Bild, des Farbenpracht so prun=
kend leuchtet,
Gibt keine Speise, die so lieblich schmeckt,
Und keine Blume die so süß erduftet.
Da Gott die Erde schuf und Sonn und
Sterne,
Die blaue Luft, den blüthenreichen Lenz,
Die schönen Berge und die tiefen Wälder,
Und alles was die Brust erhebt und
weitet,
Da gab er noch, sich selbst zu über=
treffen,
Der Liebe Glück, die höchste Erdenlust.
(Er zieht sie auf einen Sitz zu sich nieder.)

Mechtild (leise).
Der Liebe Glück — die höchste Erdenlust.

Paumkircher.
Mechtild, Mechtild! Welch' eine Nacht
ist dies,
Kühl durch des Fensters hochgewölbten
Bogen
Zieht würz'ge Luft und spielt mit Dei=
nem Haar.
Das ist des Frühlings blühendes Er=
wachen,
Man möchte weinen, und man möchte
lachen
Vergessen alles das, was ist und war.
(Er drückt sie an sich.)

Mechtild (erglühend).
Was thust Du nur?

Paumkircher.
  Die Flechte lös' ich hier,

Und diese noch. Der Wind liebt Deine Locken
Er küßt sie, so wie ich.
          Mechtild.
              Wenn einer käme.
          Paumkircher.
Es sieht uns keiner. Doch nun kommt der Mond
Auf leisen Füßen, er, der allezeit
So gern die Liebenden belauscht. Schau hin,
Sein Antlitz glüht vor Freude so wie ich.
          Mechtild.
Nein, er wird roth, er schämt sich, wie ich mich.
          Paumkircher.
Er wandelt fort, die nachtgewohnten Augen
Läßt er wol über Land und Meere schweifen,
Denn weit noch hinter jenen blauen Bergen,
Die in der fernsten Fern den Blick begrenzen
Liegt andrer Länder fremde Pracht.
          Mechtild.
Wir ziehn einmal mitsammen in die Ferne.
Mit herrlichem Gefolg umgeb ich Dich.
Zwölf Edelfrauen sollen Dich begleiten
Und hundert Knappen, wie ein Königskind.
So reiten wir durch Deutschland's reiche Gauen,
Du sollst die Donau und den Rhein erschauen.
Dort stehen schöne Wälder auf den Bergen,
Und Felsen ragen mächtig draus empor.
Auf manchem Stein steht eine kühne Burg
Von deren Zinnen weit ins Land man schauet;
Und Riesen eichen wachsen dorten auf,

Und Männer stolz und stark so wie die Eichen —
Ja — Deutschland mußt Du sehn, das liebe Land.
          Mechtild.
Wohin Du ziehst, da laß mich mit Dir ziehen,
Und wo Du weilst, da wird es mir gefallen.
          Paumkircher.
Zunächst bring ich Dich in mein Haus Waldegg,
Wenn Du, mein Weib die Schwelle überschreitest,
So zieht ein neues Leben ein mit Dir.
Glück deutet mir das Rauschen Deiner Schleppe,
Dein Blick, Dein Wort, Dein bloßes Athmen Glück.
Fest reiht sich dann an Fest mit Sing und Sang,
Und weit in allen Landen soll man sagen
Von unsren Glanz- und wonnevollen Tagen.
          Mechtild.
Du lieber Mann, wie gütig klingt dein Wort.
          Paumkircher.
So schwinden Tage, ziehen Monde fort,
Bis Du mir einmal durch den Garten wandelst
Und unter Deinem Fuß die Blumen aufblühn,
Dann kommt der Sommer, eh man es gedacht.
          Mechtild.
Dann kommen auch die Eltern und der Bruder
Uns zu besuchen.
          Paumkircher.
              Und wir halten sie,
Und lassen sie nicht wieder fort.

Mechtild.
                  Ja, ja!
Nicht wieder fort. Die Mutter, sie erzählt
Aus Greissenegg von meinen blauen
           Blumen
Die ich gepflanzt, und die nun einsam
           stehen,
Und von der Linde, wo ich Dich gesehn,
Andreas —
          Paumkircher.
Weinst Du?
          Mechtild.
           Nein, o nein, ich lache
Vor Lust und Glück. Die Linde war
           von je
Mein Lieblingsplatz. Dort pflanzt ich
           Rittersporn
Und klein Vergißmeinnicht Vergiß-
           meinnicht,
Ich weiß ein schönes Mährchen. Als
           Du fort warst,
Setzt ich zu meinen Pfleglingen mich
           nieder,
Und frug sie im Vertrauen: kommt er
           wieder?
Da nickten sie, das Mährchen aber klang
Zu mir herauf aus dunklen Kindertagen,
So wie die Lüfte einen fernen Sang
Im leisen Flug zu uns herübertragen.
          Paumkircher.
Erzähle mir's.
          Mechtild.
           O es ist lang und traurig.
          Paumkircher.
Wenn Du nicht sprichst, so hol ich jedes
           Wort,
Das Du mir vorenthältst von deinen
           Lippen.
          Mechtild.
Nein, nein! Doch wie beginn ich nur?
In alter Zeit, in einem weiten Garten
Stand eine Burg mit Thürmen und
           mit Warten,
Fern von der Welt, von hohem Alter
           grau,
Dort lebt der hehrste Held, die schönste
           Frau
Sie liebten sich —
          Paumkircher.
           Du stockst?
          Mechtild.
           Sie liebten sich —
          Paumkircher.
Sie liebten sich wie Du und ich.
           (Umfaßt sie.)
          Mechtild.
                  O Gott!
          Paumkircher.
Sie küßten und umarmten sich wie wir.
          Mechtild (heftig).
Andreas! Vielgeliebter! Eins und Alles!
Du hehrer Held! Müßt ich Dich wieder
           meiden,
So würd' ich Leide tragen für und für.
Nichts auf der Welt, als Dich, mehr
           will ich sehn,
Vor Wonne, Lieb und Lust und Glück
           vergehn.
          Paumkircher.
Mechtild! Mechtild!
          Mechtild.
           Ich will Dich fest umfassen,
Ich will Dich küssen und will Dich nicht
           lassen.
Ich will Dir folgen, treu in jeder Noth,
Nur wenn man je uns trennet ist's
           mein Tod.
          Paumkircher.
Nichts mehr von Trennung, nichts von
           sterben, Kind,
Das Leben winkt uns zu mit tausend
           Händen
Spricht denn Dein Lied von solchem
           Leid?

Mechtild.
Hör an:
Die holde Frau einstmals am Fenster
    stand
Und schaute in das bunte Blumenland.
Da sah sie eine nie erblickte Art,
Blau, wie der Himmel —

Paumkircher.
    Blau wie Deine Augen.

Mechtild.
Da rief sie ihrem Herrn (der stand im
    Hof,
Bereit auf Wildgejaide auszuziehen)
O bringe mir von jenen blauen Blüthen,
Auf daß ich einen Kranz daraus mir
    winde.
Er eilet hin und pflückt ihr einen
    Strauß,
Doch plötzlich sinket unter ihm der Boden,
Ein trügerisch nur leicht bewachs'ner
    Moor,
Und unerrettbar sieht er sich verloren,
Denn wie er auch die starken Arme an=
    strengt,
Umsonst — er sinket tiefer stets und
    tiefer.
Jetzt ragen nur die Schultern noch
    empor,
Jetzt nur der Kopf und jetzt nur noch
    die Augen,
Da reckt er noch die Hand zum Ab=
    schiedsgruß
Hoch mit dem Blumenstrauß empor und
    ruft
In einem Ton, in dem das Leben bricht
Mein Lieb, vergiß mein nicht! Vergiß=
    meinnicht. —
Darauf verschwand er ganz und sank
    zu Grund.
Die kleine Blume aber bis zur Stund
Behielt den Namen bei.

Paumkircher.
    Vergißmeinnicht.

Mechtild.
Die Frau weinte Tag und Nacht. Sie lag
In ihrer Kumenate auf den Knieen
Und rang verzweiflungsvoll die weißen
    Hände.
O komm zurück, rief sie, o komm zurück!
Ein einzig, einzig mal nur kehre wieder.
Da, in der dritten Nacht, nach Blitz
    und Donner
Und furchtbarem Orkan, ward's in der
    Burg
Ganz schauerlich mit einem male still.
Es war, als gienge jemand ernst
    und steif
Durch Hof und Halle, und sie horchte
    auf.
Dann kam's die Wendelsteig' herauf=
    geschritten
Mit schwerem Tritt und klinkte schon
    am Schloß.
Da grade wie die Thür sich lautlos
    wendet,
Schlägt es am Schloßthurm deutlich
    Mitternacht.
(Paumkircher springt auf).

Mechtild.
Was hast Du?

Paumkircher
    (entsetzt).
    Mitternacht.

Mechtild.
    Ergreift Dich so
Mein Mährchen?

Paumkircher.
    Mitternacht.

Andreas Greiffenegg
    (hinter der Bühne).
    Nur schnell, nur schnell.

Mechtild (aufstehend).
Ist das des Bruders Stimme?

Paumkircher.
    Weh, was that ich?

Andreas (hereinstürzend).
Nur schnell! Ich suchte Dich die ganze Zeit.
Die Frist erreicht ihr Ende.

Mechtild.
Gott was habt Ihr?

Paumkircher.
Ich muß in höchster Eile flieh'n, Mechtild
Wenn ich Dich jemals wiedersehen soll.

Mechtild.
Jesus Maria!
(will sinken. Paumkircher unterstützt sie, daß
sie wieder wie früher sitzt.)

Paumkircher.
Fassung, Mädchen.

Andreas
(ihn fortziehend).
Komm

Paumkircher.
Leb' wohl, leb' wohl!

Andreas.
Nur schnell, nur schnell.
(Drängt ihn hinaus. Beide ab.)

Mechtild.
Mir schwindelt.
(Dobersberg und Gerhard
treten auf.)

Gerhard.
Wenn es geschehen muß, so hilft kein
Zögern.
Ich geb' ihm Recht.

Dobersberg.
So komm' hinab zum Murthor.
Die Zeit ist da.

Gerhard.
Wohlan!

Mechtild (für sich).
Die Zeit ist da —?
Zum Murthor, sagen sie. Was soll
das nur?
(springt auf.)

Ihr Herren, steht mir Rede, — sagt
mir an,
Was geht hier vor? — Nein, bleibt,
nein, geht nicht fort.

Gerhard.
Uns ruft die Pflicht.
(Beide ab.)

Mechtild.
Sie lassen mich allein.
Was nur beginn ich — ah!!
(Sie schreit grell auf, indem sie Prank erblickt,
der mit verschränkten Armen hereinkommt.)

Mechtild.
Du, Du bist es!
Du trägst die Schuld, ich fühl's, von
allem Du!
Ein Frevel wird verübt, ich duld es nicht.
(Schreiend.)
Herbei! Zu Hülfe! Vater! Kommt
herbei,
Ihr Leute all!

Prank.
Umsonst. Du hinderst nicht,
Was Prank beschloß.
(Ab, den Anderen nach. Indeß füllt sich die
Bühne mit lautem Getöse. Der alte Greis-
senegg, Margarethe, viele Gäste
Diener mit Fackeln und Lichtern.)

Alle
(tumultuarisch durcheinanderrufend).
Was ist — wer ruft — was gibt es?

Margarethe.
Mechtild!

Greissenegg.
Sprich Kind.

Einer.
Sie wankt.

Anderer.
Sie sinkt.

Mechtild.
Vater!

Zum Murthor — rasch — hinab —
sie fangen ihn —
Sie morden ihn, wenn wir noch länger
weilen.
Voraus euch allen — will ich selber eilen.
(Sie eilt schwankend gegen den Hintergrund,
Margarethe fängt die Sinkende auf.)

Margarethe.
Hilf Gott! Mein Kind!
Mechtild.
(am Boden mit matter Stimme.)
Nur schnell.

Alle.
Hinab zum Murthor.

Fünfter Aufzug.

Platz in Graz. Im Hintergrunde stark
hervortretend das Murthor. Seitwärts
eine steile, bergige Gasse. — Es ist Tief-
nacht, nur durch die lange Thorwölbung
blickt man in eine weite, mondlichte
Stromgegend.

Paumkircher u. Andreas Greif-
senegg (die Gasse herabkommend.)

Andreas.
Hier muß es sein, wenn wir des Wegs
nicht fehlten.

Paumkircher.
Dort ist das Thor.

Andreas.
Wenn wir die Stadt verlassen,
So treffen wir vielleicht des Kaisers
Herold,
Der, also heißt es, vor ihm selbst
heranzieht.
(Sind aus der Gasse auf den Platz getreten.)

Paumkircher.
Wo nur Thornecker mit den Pferden
bleibt.

Andreas.
Mir däucht, ich hör' ihn rufen. Bleib
Du hier,
Ich geh indeß der Stimme nach.
(Ab.)

Paumkircher.
O hätte
Ich doch mein Schwert beim Tanz nicht
abgelegt.

Thorneckers Stimme.
Zu Hilf!

Paumkircher.
Was ist?

Andreas Stimme.
Entflieh'! Hier ist Verrath.
Vermummte Männer halten ihn und
fliehen.

Paumkircher.
Da muß ich nach.
(Es beginnt Zwölf zu schlagen).

Andreas
(eilig zurückkommend).
Die Pferde sind nicht hier.
Es ist zu spät.

Paumkircher.
Es schlägt.

Andreas.
Die Todesstunde!
Hinaus! Hinaus! Hinaus!
(Sie eilen durch's Thor. Wie sie in der dunklen
Wölbung sind, fallen die äußeren Pforten zu).

Paumkircher.
Das Thor ist zugefallen.

Andreas.
Rasch zurück.
Vielleicht ist noch ein Ausweg.
(Wenden sich nach vorne, da fällt dicht vor ihnen
das Fallgitter nieder.)

Paumkircher.
Auf das Gitter!

Andreas.
Gestalten schleichen still im Dunklen näher
Und unsichtbare Arme fassen mich.

Paumkircher.
Verrath! Verrath!

Andreas (zugleich).
Herbei! Verrath!
(Volk strömt von allen Seiten zu. Einige mit Fackeln.)

Volk.
Wer ruft?
Was gibt's? Was ist geschehn?

Einige.
Die Stimmen kommen
Von dort — vom Murthor her. Seht hin.

Andre.
Das Gitter
Ist zu. Die Fackeln her. Hier regt sich was.

Andre.
Dort kommt ein Zug. — Es sind die Herrn von Graz.
Vom Stadthaus kommen sie. — Die werden's wissen.
(Durch die Gasse herab kommen die Herren von Graz, voran Prank, Gerhard, Dobersberg, dann der Bannrichter und gewaffnete Gerichtsschergen. Sie schreiten zum Thor.)

Paumkircher.
Ha Prank! Du Hund!

Andreas.
O nun sind wir verloren.

Paumkircher.
Du Feiger, Elender! — O, was sonst schlecht war,
Wird gut und rein, vergleicht man es mit Dir.

Prank.
Paumkircher wähnst Du noch mich zu beschimpfen?
Durch's Gitter treffen Deine Hiebe nicht.

Andreas.
Gericht will ich, Gericht.

Dobersberg.
Es soll Dir werden.

Gerhard.
Dort naht der Priester schon.
(Priester kommt mit geistlichen Begleitern. Er trägt die Hostie. Die Bürger knieen nieder und schlagen das Kreuz).

Paumkircher.
Schließt auf!

Prank.
Wozu?
Er reicht das Kreuz zum Kuß Euch durch die Stäbe.
Der Freiknecht hinter Euch harrt mit dem Beil.

Andreas.
So feig im Finstern wollt Ihr uns ermorden,
Die wehrlos Ihr erspäht und überrascht.

Dobersberg.
Gebt Ehrenwort, daß Ihr nicht wollt versuchen
Zu flieh'n, noch nutzlos Widerstand zu leisten,
So öffnen wir.

Andreas.
Wir geben unser Wort.
(Das Gitter wird aufgezogen. Paumkircher und Andreas treten heraus. Der Priester mit seinen Begleitern tritt in die Thorwölbung. Die Knieenden stehen auf und drängen herzu. Die Schergen wehren sie ab.)

Prank.
So tretet in den Rund, Ihr Herrn und sprecht,

Ist hier das endlich, peinliche Gericht
Versammelt und besetzt.
Die Rathsherren.
Es ist versammelt.
Dobersberg.
Nach unsers gnäd'gen Herrn und Landes=
fürsten
Und dieses Steierlands Gerichtsordnung
Erkennen wir es an als wohl besetzt.
Prank.
Wir treffen unter Gottes freiem Himmel
Zusammen hier nach alter Landessitte,
Bannrichter, tretet in des Kreises Mitte
Und lest das erste Blatt.
Die Andern.
Bannrichter lese.
Bannrichter (liest).
„Andrä Paumkircher, Greissenegg und
Pössing
Seit heute früh —
Paumkircher.
Pössing! Du hast's geahnt.
Bannrichter.
„Seit heute früh in diesem Hause,
ziehen
Zur Zeit der Vesperglocke auf das
Stadthaus
In Graz, wo sie ob schwerer Schuld
verklagt
Sich vor dem Banngericht vertheidigen
werden.
Doch ob gereint, ob nicht —"
Dobersberg.
Merkt wohl dies Wort:
Doch ob gereint, ob nicht.
Bannrichter.
„Bis Mitternacht
Nur währt ihr frei Geleit. Nach Mitternacht
Noch innerhalb der Mauern uns'rer Stadt,
Verfallen sie unrettbar unsern Händen."

Andreas.
Unrettbar.
Prank.
Dieses Blatt ward heute früh
In Eurer Herberg an die Thür geheftet
Und laut in allen Straßen rief man's aus.
Andreas.
Unrettbar!
Paumkircher.
Ha! Dort kommt Mechtild.
(Mechtild, der alte Greissenegg
und mehrere Männer und Frauen in Festklei=
dern kommen eilig die Straße herunter.)
Mechtild
(durch die Menge vordringend).
Andreas!
Schergen
(die Spieße kreuzend).
Zurück!
Paumkircher.
Du selbst zurück!
(Stößt die Schergen fort und führt Mechtild
vor, der alte Greissenegg folgt).
Mechtild, mein Mädchen,
Folgst Du mir auch hierher? — O
hätt ich doch
Mein Schwert gehabt, da sie mich
überfielen,
Wie einst in Neustadt an dem Wiener=
thore,
So hätt ich alle in die Flucht gejagt.
Sie haben weder Herz noch Ehr im Leibe
Sie sind gemeines, niedres Häschervolk
Und wenn sie einen überlistet haben,
Gebrauchen sie — mißbrauchen ihre
Macht.
Prank.
Du und die Deinen!, Ihr seid es ge=
wesen
Die stets die Macht mißbraucht. Wir
aber handeln
Nach Recht und nach Gesetz.
(Zum Bannrichter.)
Das zweite Blatt.
(Bannrichter tritt wieder vor.)

Paumkircher.
Geh fort Mechtild.

Mechtild.
O laß bei Dir mich weilen.
Ich soll Dir folgen überall und immer,
So hast Du's selbst verlangt.

Prank.
Bannrichter, lest.

Bannrichter.
„Laut unsres gnädigen Herrn und Landesfürsten
Und dieses Steierlands Gerichtsordnung,
Wird in der Stadt und in dem Weichbild Graz,
Der Blutbann, das Gericht ob Tod und Leben,
Dem Stadtrath zugetheilt, den Herrn von Graz."

Prank.
's ist unser Recht und wir gebrauchen es.

Paumkircher
(zu Mechtild.)
Du zitterst? Sei nicht bange. Ich durchschaue
Das ganze Spiel. Urfehde soll ich schwören
Auf Landeshandfest, und verzichten soll ich
Auf Sold und Hülfe.

Gerhard.
Nein, Du irrst Paumkircher.
Nicht Deinen Schwur verlangen wir von Dir,
Denn andre kämen von Dir aufgestachelt
Und unterstützt, und Kampf gäb's ohne End'.

Paumkircher.
So biet ich Euch alle meine Schlösser an,
Laßt Ihr uns frei, und sechzigtausend Goldstück.

Dobersberg.
Du irrst, Du irrst. Wir gehren nicht den Schatz,
Nicht so viel Gold kannst Du uns jemals bringen,
Als wir Dir Blut dafür entrichten müßten.

Andreas.
So wartet mit dem Spruch, bis Kaiser Friedrich
Hier angelangt ist. Er versprach zu kommen,
Er ist vielleicht nicht fern.

Prank.
Ihr sprecht vergebens.
Kein Schloß ist fest, kein Kerker tief genug;
Nur Euer Tod kann uns ganz sicher machen.

Mechtild
(mit bittenden Händen).
Nein, nein.

Paumkircher.
Sprich nicht Mechtild, sag ihm kein Wort,
Schmach wär's, um Gnade jene anzuflehen,
Die tief im Staube stehen unter uns.
Auch jetzt, auch jetzt. Viel lieber Tod als Schande!
Mein Adel zieht in leuchtendem Gewande,
Den Lorbeer um die Scheitel, vor mir her.
Er winkt, ich folge nach. Fall denn mein Haupt.
Das Blut fließt ab vom Beil, eh man's geglaubt.
Und dann verklärt in der Erinnerung
Wird das Gedächtniß meiner Thaten flammen,
Und jene feigen Mörder dort verdammen.
(Bewegung in der Menge.)
Wol dachte ich mir sonst mein Ende anders.
Der Gott der Schlachten hat mir nicht vergönnt
Im Feld zu fallen, wie ich stets gehofft,
Doch heimlich küßte mich zuletzt die Liebe,

Drum klag ich nicht. — Wein' nicht
    mein Mädchen, wein nicht.
Das ist der letzte Schmerz auf dieser
    Erde,
Daß ich mein Schicksal nicht allein darf
    tragen.
Den besten Freund zieh ich mit mir
    hinunter,
Das liebste Lieb' laß' ich allein zurück.

        Mechtild (weinend).
Wohin Du ziehst, da muß ich mit Dir
    ziehen,
So war es treu versprochen, und so
    kommt es,
Und keines bleibt und keines geht allein.

        Prank (für sich).
Wie sie ihn liebt.

        Mechtild.
    Und doch, es kann nicht sein,
Andreas, — Bruder — wie, schon
    jetzt, schon jetzt
        (Zu Prank.)
War ich Euch jemals werth und spracht
    Ihr Wahrheit,
Wie könnt Ihr mir so herbes Leid be-
    reiten,
Das mir den Tod bringt, da ich kaum
    gelebt?
Nicht wahr? Ihr könnt es nicht?

        Prank
    (bleich und zitternd).
    Das dritte Blatt.

        Bannrichter
    (wieder vortretend).
Nach fleißig und wahrhaftiger Erfindung
Wird hier zu Recht erkannt, daß Ihr,
    Andreas
Paumkircher und Andreas Greiffenegg,
Die Ihr hier stehet vor Gericht verklagt
Der Meuterei und fährlichen Gemein-
    schaft,
Und die man griff, nachdem die Zeit
    verstrichen

In der ein frei Geleite sie beschützt:
Daß Ihr sollt mit dem Beil.

        Andreas.
Halt! Hört Ihr nicht Trompeten?

        Dobersberg.
Zu Ruh.
    (Augenblickliche Pause.)
Ein eitler Wahn. Die Lüfte schweigen.
Die Nacht ist stumm.

        Bannrichter
    (fährt auf ein gegebnes Zeichen fort).
    Daß Ihr sollt mit dem Beile
Vom Leben zu dem Tod gestrafet werden,
Und daß das Urtheil in derselben Stunde,
Und an demselben Ort vollzogen werde
An dem Euch die Urgicht verlesen wird.

        Andreas.
Und spracht Ihr uns nicht heut am
    Stadthaus frei
Von aller Schuld, und wozu haben wir
Durch Schrift und Wort uns vom Ver-
    dacht gereinigt?

        Prank.
's war Eure Beichte, Euer letzter Trost,
Daß Ihr entsündigt mögt hinüber wan-
    dern.
(Auf einen Wink theilen die Schergen die Menge
daß der Weg zum Thore frei wird, an dessen
Eingang der Priester harrt, und in dem man
seitwärts den Scharfrichter mit den Freiknechten
um den Block erblickt. — Prank schreitet mit den
Stadträthen gegen den Hintergrund.)

        Bannrichter
    (den Stab zerbrechend).
So breche ich den Stab ob Euren
    Häupten
Andrä Paumkircher, Andrä Greiffenegg.
    (Kurzer Trommelwirbel.)

        Paumkircher.
Lebt wohl, Ihr Lieben. Allen dank ich
    herzlich,
Die mir im Leben treu gewesen sind.

Mechtild.

O Gott! Schon jetzt? O nur noch kur-
zen Aufschub.
Ich hoffte so viel schönes noch vom
Leben,
Und nun ist alles aus?

Paumkircher
(umarmt sie).

Ach Mechtild —

Mechtild.

Die Blumen dürfen blühn den ganzen
Sommer,
Die Bäume grünen bis der Winter
kommt,
Und wir, wir sollen sterben schon im
Lenz?
(Schluchzen erstickt ihre Stimme.)

Paumkircher
(sie herzend).

Du wirst Dich fassen. O fahr wohl
mein Leben,
Vergiß mein nicht, wie's heißt in Deinem
Mährchen.
Noch diesen Kuß zum Abschied von der
Welt.
(Küßt sie. Sie hängt an seinem Halse.)

Prank.

Die Zeit ist um. Wir laden Euch zum
Tode.

Paumkircher
(sich losmachend).

Wir kommen Prank.

Mechtild
(sich an ihn festklammernd).

Nein! Nein! Geh nicht allein!
Ich zieh mit Dir, mit Dir!! mit Dir
— mit Dir.

(Sie bricht bei den letzten Worten zusammen.
Der alte Greiffenegg fängt sie auf und kniet bei
ihr nieder. Es wird das Sterbeglöcklein gezogen,
ein kurzer Trommelschlag. Die Schergen treten
an Paumkircher und Andreas heran, und wollen
sie greifen, auf eine abwehrende Bewegung
Paumkirchers bleiben sie stehen. — Paumkircher
schüttelt Andreas die Hand, sie umarmen sich
stumm, dann tritt er nochmals zu Mechtilde vor,
will reden, aber die Stimme versagt ihm. Er
macht eine grüßende Handbewegung und geht
mit Andreas Hand in Hand, beide hoch aufge-
richtet und ruhig in den Hintergrund. — Die
Schergen folgen ihnen in die Thorwölbung, das
Volk drängt nach.)

Der alte Greiffenegg
(indeß verzweifelnd).

Der Tod bringt ihr an's Herz — sie
zuckt — sie stirbt!

Prank! Prank! Ist das die Zeit von
der Du sprachst?

Prank
(aus dem Hintergrunde).

Jedwede Zeit kommt über Blut und
Trümmer.
Den Kopf herab.

(Man sieht zweimal über den Häupten der Menge
das Beil blitzen und hört es zweimal niederschmet-
tern. Das Läuten hört auf und durch die ver-
sammelte Menge läuft ein dumpfes Gemurmel,
das sich langsam verliert. — Dann dicht vor dem
Thore kaiserliche Trompeten).

Prank.

Die Pforten auf!

(Man öffnet das äußere Thor. Der kaiserliche
Herold tritt rasch ein. Seine Begleitung bleibt
zu Pferde vor dem Thore.)

Herold.

Des Kaisers Gnade künd ich
Andrä Paumkirchern an und allen denen
Die ihm nach Graz gefolgt. Verlängern
soll man
Das frei Geleit und das Gericht ver-
zögern,
Sein Zorn trifft jeden, der dawider
handelt.

Der alte Greiffenegg.

Du kommst zu spät, o Herold. Blicke
hin
(Die Menge theilt sich. Man gewahrt in der
Thorwölbung die Leichen der Gerichteten am Bo-
den. Der Priester betet zu ihren Häupten, seine
Begleiter knien um sie herum. Hinter ihnen
steht ein Kreis von Leuten mit umgestürzten
Fackeln, und hinter diesen drängt das Volk.)

Mein armer Sohn, und dieser edle Held
Bedürfen keiner Gnade mehr auf Erden.

Der Vorhang fällt.